Bernhard A. Eckerstorfer
Kleine Schule des Loslassens

Bernhard A. Eckerstorfer

# KLEINE SCHULE DES LOSLASSENS

Mit den Weisheiten
der Wüstenväter
durch den Tag

Tyrolia-Verlag · Innsbruck-Wien

Mitglied der Verlagsgruppe „engagement"

2. Auflage 2019
© 2019 Verlagsanstalt Tyrolia, Innsbruck
Umschlaggestaltung: Roberto Baldissera, Agentur für Grafik, Innsbruck
Layout und digitale Gestaltung: Tyrolia-Verlag
Druck und Bindung: FINIDR, Tschechien
ISBN 978-3-7022-3737-0
E-Mail: buchverlag@tyrolia.at
Internet: www.tyrolia-verlag.at

# Inhalt

# Auf den Spuren
# der frühen Mönche

Eine Hinführung

Als ich 18 Jahre alt war, kaufte ich mir auf einem Flohmarkt einen Band mit Weisheiten der Wüstenväter. Anfangs konnte ich mit den Geschichten und knappen Sinnsprüchen wenig anfangen, doch allmählich fing ich Feuer. Ich merkte, dass mir die rauen, aber geisterfüllten Gestalten des 4. und 5. Jahrhunderts näher waren, als ich gedacht hatte. Zehn Jahre später wurde ich selbst Mönch und las immer wieder Texte von den ägyptischen Wüstenmönchen und über sie. So sind sie mir über die Jahre ans Herz gewachsen, ja zu Freunden geworden, deren Gesellschaft ich gerne suche. Mit ihnen beschäftigte ich mich erneut, als mich der ORF bat, sie für wöchentliche Sendereihen einem breiteren Publikum vorzustellen. Diese Texte liegen hier vor. Jedes Kapitel enthält sieben Impulse, die von Montag bis Sonntag gelesen werden können. Da die „Gedanken für den Tag" von Österreich 1 nur sechs Sendungen in der Woche bringen, konnte ich nachträglich längere Geschichten aufnehmen.

Der Titel dieses Buches nimmt Aspekte auf, die für das Wüstenmönchtum grundlegend sind. Die vielen Menschen, die im 4. und 5. Jahrhundert in die öden Landschaften abseits des fruchtbaren Niltales zogen, hatten ihr früheres Leben aufgegeben und sich in die Schule der Altväter – älterer weiser Mönche – begeben. Von ihnen lernten sie, im Rhythmus von Gebet, Lesung und Arbeit eine neue Lebensform einzuüben. Der Auszug in die Wüste verlangte, sich im Geist des Evangeliums von allem zu trennen, was Bedeutung für sie hatte: Beziehungen, Besitz, Status. Sie mussten auf einem mühsamen, aber letztlich beglückenden Weg loslassen: ihre eigenen Wünsche und Vorstellungen, die Erwartung anderer und ein oberflächliches Gottesbild, das der harten Realität der Wüste nicht standhält.

Die Wüste steht für Extreme: hell – dunkel, heiß – kalt, Ort der Gottesbegegnung – Rückzugsgebiet des Teufels. Kompromisslos der Mensch, der sich in ihr aufhält oder gar niederlässt. Jesus hat sich vor seinem öffentlichen Auftreten in die Wüste zurückgezogen, dorthin folgen ihm die Mönche. Sie wollen sich ganz auf Gott einlassen und von ihm her leben. Eine vorbehaltlose Nachfolge, die einem viel abverlangt. Wie Jesus werden auch sie von den Dämonen, von Anfechtungen und Versuchungen heimgesucht. Wo Ablenkungen fern sind und man der Stille ausgesetzt ist, kommt es zum Einblick in das Innere, zum Kampf gegen die Mächte des Bösen, die für die frühen Mönche ebenso eine Wirklichkeit waren wie das geschenkte Heil durch Gott. Archäologen haben in den 1600 Jahre alten Gebetsräumen der Wüstenmönche auf die östliche Wand gemalte Kreuze gefunden – Ausdruck, dass sie Anteil hatten am Kampf und Sieg Christi.

Die Konzentration auf das Innere führt sie zur Auseinandersetzung mit den Leidenschaften. Sich den dunklen Seiten des eigenen Lebens stellen, nicht davonlaufen – darin bestand die Herausforderung, die manche an den Rand des Abgrunds trieb. Wir dürfen das Leben in der Wüste nicht verklären. Vieles bleibt uns fremd, manchmal fühlen wir uns von den „Gottesnarren" (Jacques Lacarrière) fasziniert und abgestoßen zugleich. Die frühen Mönche waren Kinder ihrer Zeit. Ihre Abwertung gegenüber dem Materiellen und Leiblichen befremdet uns heute. Doch können sie nicht gerade dadurch zu einem heilsamen Korrektiv der heutigen Lebensauffassung werden, die geradezu das Gegenteil vertritt?

Auch die Beweggründe, in die Wüste zu ziehen, dürfen wir nicht heroisch sehen; die frühchristlichen Asketen fühlten sich nicht nur dem Streben nach Vollkommenheit verpflichtet. Bei dem einen oder anderen Aussteiger mag die mitunter hohe Steuerlast, vor allem aber die Rekrutierung zum Militär ein Anreiz gewesen sein, in die Wüste zu flüchten. Auch ließen sie im Ägypten des 4. und 5.

Jahrhunderts eine zerrissene, von Geschäftigkeit geplagte Welt hinter sich, in der eine allgemeine „Krise menschlicher Beziehungen" (Peter Brown) das Zusammenleben erschwerte. Der sozio-kulturelle Blick hilft also, Leben und Lehre der Wüstenväter besser zu verstehen. Der massenhafte Auszug aus dem gewohnten Umfeld wurde insgesamt sicherlich erleichtert, weil die damals vorherrschende hellenistische Kultur ein „askesefreundliches Milieu" (Karl Suso Frank) bot, in dem das christliche Mönchtum als zeitgemäß empfunden wurde. Schließlich dürfen wir nicht verschweigen: So mancher Wüstenvater ist ein Verbrecher gewesen, der ohnehin neu anfangen oder vor Strafverfolgung flüchten wollte.

In der Wüste brachten Barbareneinfälle, Räuberbanden und wilde Tiere oft erhebliche Gefahren mit sich. Deshalb fragt ein ausgewiesener Kenner des Wüstenmönchtums, ob die sogenannten Wüstenmütter „nicht für ein urbanes Bildungspublikum erdichtet wurden. Denn wenn überhaupt, konnten damals Frauen in der Wüste nur in unmittelbarer Nähe von Siedlungen leben. ... Wenn es also wirklich Wüstenmütter gab – was eben umstritten ist –, so standen diese in engerer räumlicher Beziehung zu den normalen Ansiedlungen" (Gisbert Greshake). Die Theologin Katharina Ceming spricht in ihrem Buch deshalb auch zumeist nur von Wüstenvätern und formuliert pointiert: „Die ägyptische Wüste war für allein lebende Frauen des 4. Jahrhunderts vermutlich so verlockend wie ein deutsches Bahnhofsviertel in den 1970er-Jahren um Mitternacht. … Wenn heute immer wieder von den ägyptischen Wüstenmüttern zu hören und zu lesen ist, so entspricht dies vermutlich doch eher der Sehnsucht nach mehr weiblichen Elementen im christlichen Leben als der historischen Realität."

Frauen spielten allerdings im frühen Mönchtum eine erhebliche Rolle. Nonnen, Asketinnen und gottgeweihte Jungfrauen waren inmitten der christlichen Gemeinden so zahlreich wie die Männer in den Einsiedeleien und Mönchssiedlungen. Um ihnen eine kräftigere Stimme zu verleihen, habe ich für die letzten beiden Kapitel einige der leider spärlichen Zeugnisse dieser Gottsucherinnen zusammengetragen. Dort spreche ich auch von Wüstenmüttern; Wüste sollte nicht nur als physio-geographischer Begriff verstanden werden, sondern bezeichnet einen Urort menschlichen Lebens, eine Metapher für einen Lebensraum, in dem nichts Wurzeln schlagen kann und gerade dadurch den menschlichen Blick nach oben und innen lenkt.

Ob Asketen oder Asketinnen, Distanz und Schweigen war für sie gleichermaßen ein Ideal. Viele versuchten nur zu sprechen, wenn sie gefragt wurden – und selbst dann verweigerten sie zuweilen eine Antwort, falls etwa die Besucher sich brüsten wollten, ein Wort aus der Wüste mitnehmen zu können. Zur Pädagogik der Wüstenmönche gehörte auch, mehr durch das Vorleben und das authentische Sein zu wirken als durch große Reden. Wer die Innerlichkeit kultivieren will, sucht gerne die Einsamkeit auf und übt sich im Schweigen, das mehr sagen kann als viele Worte.

An mehreren Stellen machen Mönche deutlich, dass ihre Askese in der Wüste nicht als Stärke angesehen werden sollte, sondern Heilmittel ihrer Schwäche ist. Im Getümmel der Menschen würde ihre Seele Schaden nehmen; sie benötigen den Rückzug, um sich selbst nicht zu verlieren und Gott ins Zentrum ihres Lebens zu stellen. „Die Starken sind es, die unter die Menschen gehen", sagt Abbas Matoe. Hier hebt sich christliches Selbstverständnis von der Esoterik ab, die in der Konzentration auf sich einen erhabenen Weg sieht und wie die alte Gnosis die Erleuchtung als egozentrierte Selbsterlösung versteht. Ein feiner, aber entscheidender Unterschied, der leicht und oft übersehen wird: Für die Wüstenväter sind alle Gebote und Weisungen dazu da, in der Liebe zu wachsen; an ihr erweist sich, ob die Nachfolge Christi gelingt. Die Naherwartung Christi ist bei den frühen Mönchen noch greifbar: „Ein Altvater sagte: Das ist der Mönch: in der Wüste sitzen und nichts anderes im Kopf haben als die Wiederkunft Christi." Sie versuchen, das zukünftige Leben mit Gott bereits in dieser Welt erfahrbar zu machen; sie sind zwar noch in der Welt, ihr Herz soll aber bereits im Reich Gottes wohnen, dem Ziel ihrer Sehnsucht.

Stückweise dürfte das den Wüstenmönchen gelungen sein. Schon bald zogen sie viele Pilger und auch Pilgerinnen an, die nicht selten von weit her kamen. Sie wollten die Mönche in der Wüste wenigstens aus der Ferne sehen; manche erhielten sogar eine Wegweisung für ihr Leben. Die Wüstenväter übten nicht nur auf ihre Zeitgenossen eine große Faszination aus; ihr Leben und Wirken wurde zur Grundlage der christlichen Spiritualität, in den Ostkirchen sind sie bis heute neben der Bibel die Autoritäten schlechthin. Sie haben auch uns – trotz der erwähnten Distanz – viel zu sagen. In uns allen wohnt die Sehnsucht, die die frühen Mönche in die Wüste getrieben hat. Evagrius Ponticus († 399), der aus Konstantinopel kommend sich bei den Wüstenvätern niederließ und ihre Lebensauffassung theologisch verarbeitete, formuliert feinsinnig: „Das ist der Mönch – von allen getrennt, mit allen verbunden." Dabei spüren wir vielleicht: Die Fähigkeit, allein zu sein, sich vom Vordergründigen dieser Welt zu verabschieden, kann eine innere Stärke bringen, die uns in rechter Weise unabhängig und frei macht. Diese Freiheit atmen die Sprüche und Geschichten der Wüstenväter, die uns nicht selten zum Schmunzeln bringen und Ausdruck einer einzigartigen Lebensform waren.

Wie und wo lebten nun konkret die frühen Mönche? Die asketische Bewegung reicht bis in die Urkirche zurück. „Der Ursprung des Mönchtums fällt mit dem Ursprung des Christentums zusammen", schreibt der evangelische Theologe Franziskus Christoph Joest. Wir haben kein einziges Zeugnis in der Alten Kirche, wo die Sinnhaftigkeit oder Existenzberechtigung des asketischen Lebens in Frage gestellt worden wäre. In der Verfolgungszeit musste es jedoch in absoluter Verborgenheit leben. Nach der sogenannten Konstantinischen Wende 313 n. Chr. treten Asketen verstärkt in Erscheinung, viele schließen sich ihnen an, das Mönchtum wird zu einer Massenbewegung – in Palästina, Syrien, Kappadokien (der heutigen Türkei), dem Sinai und Ägypten, woher wir die meisten und eindrucksvollsten Zeugnisse haben, die dann die asketischen Kreise im Westen des Römischen Reiches nachhaltig prägen, bis zum heiligen Benedikt im 6. Jahrhundert und darüber hinaus.

In Unterägypten, südlich von Alexandria, finden wir heute im Wadi Natrun blühende koptische Klöster – eine alte monastische Landschaft, die Wüste der Sketis. Diese Mönchssiedlung wurde 330 von Makarius gegründet und bildete eine Kolonie von Eremiten (Anachoreten) – oder besser Semi-Anachoreten, denn so ganz alleine lebten nur wenige, und wenn, dann bloß vorübergehend. Stets war ein Schüler mit einem Altvater beisammen, oft waren es mehrere jüngere Mönche. Sie lebten in Hütten aus Lehm, aber auch in Höhlen oder kleinen Behausungen, die an einen Felsen gebaut wurden und meist nur zwei Räume hatten: ein Arbeits-, Ess- und Schlafzimmer und einen Raum fürs Gebet, mit einer Nische gegen Osten, wo man sich zum Gebet niederwarf. Sie lebten von ihrer Arbeit, flochten Körbe aus Schilfrohr oder Palmfasern und trieben Handel mit der Bevölkerung des Landes.

Die Nitria (Natrontal), zwischen der Sketis und Alexandria gelegen, wurde um 325 von Amoun gegründet; bis zum Ende des Jahrhunderts sollten dort 5000 Mönche in einzelnen Mönchsfamilien leben. Sie machten die Wüste zu einer – vor allem geistlich gesehen – blühenden Landschaft. Antonius der Einsiedler war – auf dem Weg nach Alexandria – einmal bei Amoun. Dieser erzählte dem berühmten Mönch, der sich mit Schülern zwischen Nil und Rotem Meer niedergelassen hatte, wie manche in der Nitria die Einsamkeit vermissten. So gingen die beiden Altväter tiefer in die Wüste hinein, und als die Sonne unterging, riet Antonius dem Amoun, hier eine neue Mönchskolonie für Erprobte zu gründen. Das Gebiet der Kellia wurde 1964 entdeckt, die einzelnen „Zellen" (Kellien) wurden ausgegraben.

Die Archäologen bestätigten und vertieften das Wissen über die Lebensweise der Wüstenväter. „Bei der Erkundung des Gebiets 1964 standen wir wirklich vor einer monastischen Stadt", beschreibt Antoine Guillaumont den Beginn einer spektakulären Reise in die Vergangenheit. Die „Zellen" lagen einige hundert Meter voneinander entfernt, waren von einer Mauer begrenzt, im Hof spendete ein Brunnen Wasser, auch für die Bewässerung kleiner Gärten. „Der Mönch konnte in seinem Hof umhergehen, ohne die Eremitage zu verlassen." Die Ausgrabungen dokumentieren, dass es zu immer größeren Einheiten kam; die Semi-Anachoreten waren im Laufe der Zeit immer mehr zusammengezogen, vor allem wegen der kriegerischen Einfälle durch die Barbarenstämme.

Am Nachmittag wurde die einzige Mahlzeit genommen, an Fasttagen erst am Abend. Manchmal aßen die Mönche nur Brot mit Salz und Öl, es gab aber auch oft Gemüse und sogar Fisch und Wein. Am Samstagabend kamen sie aus ihren Kellien zusammen, in der Sketis wissen wir von mehreren Kirchen mit eigenen ortsansässigen Priestern; das frühe Mönchtum war ja eine Laienbewegung. Gemeinsam wurde die Vigil während der ganzen Nacht gebetet, am Sonntagmorgen feierte man die Eucharistie und schloss ein gemeinsames Mahl an (Agape = Liebesmahl). Dann tauschte man sich aus und regelte notwendige Dinge. Kontakt mit der Bevölkerung in den Dörfern und Städten des Niltals bestand durchwegs. Mönche aus der Nitria und den Kellia waren sogar unter Umständen in der Erntezeit Saisonarbeiter, um den Lebensunterhalt zu verdienen.

Diese Gegebenheiten sollten die Gottsuche und das innere Wachstum fördern. In der relativen Abgeschiedenheit wurden die Wüstenmönche zu wachen Beobachtern ihrer selbst und zu

Fährtenlesern für den Aufstieg zu Gott, der freilich auch für sie einen Abstieg in die menschlichen Abgründe bedeutete. „Vater, was soll ich tun?", wurden sie oft gefragt. Durch die Überlieferungen einer versunkenen Zeit können wir uns in die Schule der Wüstenväter begeben und fragen, was uns persönlich ihre Worte zu sagen haben.

# 1.
# Einfache Weisheiten
# der Wüstenväter

## Was ist der Mensch?

Die alten Mönche sprechen nie unaufgefordert. Ihre Aussprüche sind immer Antworten auf konkrete Fragen. „Was ist ein Mönch?", wird etwa einer gefragt. „Mühe! Denn der Mönch müht sich ab in allem, was er tut. So ist er Mönch!"

Dem Besucher hat sich diese Antwort eingeprägt. Für ihn erhellte sie etwas Wesentliches. Auch für sein eigenes Leben. Sonst hätte er sie nicht weitererzählt. Es hatte ihn ja nicht nur ein Wort getroffen, sondern das lebendige Beispiel des alten Mönchs. Der hatte es schwer: Die Arbeit in seinem kleinen Garten war mühsam, und das Wasser musste er vielleicht von weit hertragen. Er war ganz auf sich gestellt. Aber in all dem schien der Alte ausgeglichen. Im Frieden dieses kargen Lebens ahnte der Besucher eine befreiende Botschaft: Ich soll den Aufgaben, die mir gestellt sind, nicht ausweichen.

Nicht alles kann leicht von der Hand gehen. Das Leben ist oft mühevoll. Aber die Mühe lohnt sich. Denn gerade durch das, was mich Anstrengung kostet, reifen in mir Widerstandsfähigkeit und Gelassenheit.

Diese Lehre aus dem frühen Wüstenmönchtum Ägyptens hilft mir, die Regel meines Ordensvaters Benedikt richtig zu verstehen. Er schreibt nach dem Aufruf „Höre, mein Sohn, auf die Weisung des Meisters" sogleich von der Mühe, die die Gottsuche dem Mönch abverlangt. Freilich, er spricht dann auch vom unaussprechlichen Glück auf diesem Weg. Anforderung und Verheißung eines geistlichen Lebens: Nur wer sich abmüht, gelangt zur Erfüllung.

Und so können wir allgemein formulieren: Was ist der Mensch? Mühe! Denn der Mensch müht sich ab in allem, was er tut. So wird er zum Menschen! (AP 352)

## Neu anfangen

Ein Mönch erzählte von einem anderen: „Er machte jeden Tag einen neuen Anfang." Warum wurde ein solcher Spruch weitererzählt und dann sogar niedergeschrieben? Jeden Tag neu anfangen – ist das nicht etwas Selbstverständliches? Die tiefere Weisheit war vielleicht für jemanden leichter zugänglich, der nach einem stundenlangen Marsch durch die Wüste dieses eine Wort gesagt bekam: „Mach jeden Tag einen neuen Anfang!" Mit dieser Weisung wurde er entlassen. Auf dem

Heimweg sagte er immer wieder diesen Satz vor sich hin, der Spruch ging ihm nicht mehr aus dem Sinn.

Allmählich verstand er: Jeder neue Tag ist kostbar, denn ich darf wieder anfangen. Damit ist keine stumpfsinnige Wiederholung gemeint, sondern das neu Sich-Ausrichten an der inneren Kompassnadel. Neu anfangen bedeutet immer auch Umkehr. Ebenfalls von einem Wüstenvater stammt das Wort: „Bis zu seinem letzten Atemzug ruft die göttliche Stimme dem Menschen zu: Kehr heute um!"

Es liegt an mir, diesen Tag in die Hand zu nehmen, umzukehren und einen neuen Anfang zu machen. Vielleicht werde ich diese Einsicht auch am Ende des Tages brauchen, wenn manches nicht so gut gegangen ist.          (AP 659, N 10)

## Dein Inneres wird dich alles lehren

Ein junger Bruder kam zum Altvater Mose. Viele Stunden war er wohl durch die heiße Wüste zur abgelegenen Einsiedelei gewandert. Er wollte vorankommen und sichtbare Fortschritte machen. Ich stelle mir vor, wie er bei sich überlegte: „Wird mir der weise Mönch auftragen, mehr zu beten oder strenger zu fasten? Vielleicht empfiehlt er mir auch ein Buch oder schickt mich zu einem anderen Meister."

„Sag mir, Vater: Was soll ich tun?" Der junge Bruder war zu allem bereit. Die Antwort überraschte ihn: „Geh zurück in deine Zelle und setz dich nieder; sie wird dich alles lehren." Wir können uns ausmalen, warum ihm der Altvater dieses Wort mitgab: Der junge Mönch brauchte keine großen asketischen Leistungen vollbringen. Spirituelle Tipps führten ihn nicht weiter. So sehr er auch hin und her lief, von Gedanken zu Gedanken sprang und eine Idee nach der anderen umsetzte – er kam doch nirgends an. Abbas Mose will damit sagen: „Wandere nicht aus, sondern kehre zu dir zurück. Lauf nicht vor dir davon, sondern halte dich so wie du bist vor Gott und dir selber aus."

Es ist gar nicht so leicht, stillzuhalten und sich auf die Reise nach innen zu machen. Bei vielen muss sich doch immer etwas tun. Bereits eine halbe Stunde ohne Hintergrundmusik, Telefongespräch oder Lektüre erleben sie als Herausforderung oder gar Überforderung. Die Wüstenväter hatten die Erfahrung gemacht: Oft sind es nicht die großen Pläne und Aktivitäten, die uns weiterbringen; und auch nicht die bloße Steigerung des Wissens. Deshalb lehren sie: Geh immer wieder zurück in deine Wohnung, in dein Zimmer, deine kleine Wüste und sei still. Betritt die innere Welt. Du wirst dort Erstaunliches entdecken. (AP 500)

## Ein Wort, das verändert

Die Wüstenväter sagen wenig. Doch ein einziger Satz von ihnen kann ein Leben verändern.

Ein junger Mann war in seelischer Not. Waren es wiederkehrende Fantasien, Schuldgefühle oder unbewältigte Verletzungen? Wir wissen es nicht. Regelmäßig ging er zu Abbas Zeno, verheimlichte aber immer, was ihn quälte. Er wollte sich nicht bloßstellen, denn der berühmte Mönch hätte ihn dann vielleicht verachtet.

Beim nächsten Besuch des jungen Mannes gab ihm Zeno wie gewöhnlich eine geistliche Unterweisung, segnete ihn und begleitete ihn zur Tür. Der junge Mann rang mit sich: „Soll ich ihm nicht diesmal meine Seelennot offenbaren?" Beim Abschied legte der Alte ihm plötzlich die Hand auf die Schulter, blickte ihn an und sagte: „Was ist los mit dir? Bin ich nicht auch ein Mensch wie du?" Da ging dem jungen Mann das Herz auf: „Vater, du weißt ohnehin, was mich peinigt." Der Altvater sah ihn liebevoll an: „Mein Sohn, seit drei Jahren kommst du zu mir und nie konntest du dich mir ganz anvertrauen. Du musst aussprechen, was dich gefangen hält, dann kannst du frei werden." Unter Tränen sagte der Besucher dem Einsiedler alles. Der Altvater fällte kein Urteil, gab keine Zurechtweisung, erhob keine Forderung. Er wiederholte nur dieses eine Wort: „Bin ich nicht auch ein Mensch wie du?"

Der junge Mann richtete sich erleichtert auf und ging voll Freude weg. Er hatte den Meister gesucht und gefürchtet; er fand einen Menschenbruder, und der löste ihm die Zunge und das Herz. (vgl. AP 667, N 509)

## Arbeitsüberlastung

Wenn sich die Woche ihrem Ende nähert, aber der Berg der unerledigten Arbeit nicht kleiner geworden ist, überkommt mich manchmal das Gefühl: „Ich schaffe es nie. Soll ich gleich alles liegen lassen? Vielleicht kann ich wenigstens einiges umschichten. Aber selbst dann: Wo fange ich an?"

Ein Mann suchte ganz verzweifelt einen Einsiedler in der Wüste auf. Er kam mit seinen Aufgaben und dem Leben nicht mehr zurecht, fühlte sich überfordert und überlastet. Der alte Mönch erzählte ihm eine Geschichte: „Das Feld eines Bauern war verwildert. Als er das viele Unkraut sah, verließ ihn der Mut. Er ließ sich ins Gras fallen und gab sich dem Selbstmitleid hin: ,Das schaffe ich doch nie!' Ein weiser Mann sah ihn und gab den Rat: ,Nimm dir täglich nur so viel Fläche vor, wie dein Körper Boden einnimmt.' Es dauerte nicht lange und der ganze Acker war vom Unkraut gereinigt." Unsere Aufgaben und Probleme lassen sich nicht im Handumdrehen lösen. Doch wenn wir gelassen und entschieden handeln, kann Erstaunliches geschehen. Die Geschichte lädt uns ein: Schaue nicht auf all das Unerledigte in dir und um dich herum; nimm dir für heute nur einen kleinen Bereich vor, den du überschauen kannst. Das gilt auch für die Arbeit an uns selbst und für unsere Beziehungen. Es ist so leicht, sich von den Verletzungen, den Scherben und dem Unkraut entmutigen zu lassen. Die Wüstenväter überfordern uns nicht. Sie laden uns ein, aufzustehen und ein kleines Stück Acker unter den Pflug zu nehmen. Am Ende des Tages werden wir entdecken, dass wir doch einiges zu Wege gebracht haben. Den Rest dürfen wir getrost dem überlassen, der uns auch morgen einen neuen Tag schenken wird.

(vgl. AP 1151)

## Ballast abwerfen

Nicht alles, was ich in der vergangenen Woche erlebt habe, hat mich gefreut. Es gab auch Ärger, Konflikte und Enttäuschungen. Soll ich diesen Ballast, der sich angesammelt hat, weiter mitschleppen? Dann wird er mir das Wochenende belasten, wenn nicht gar verderben. Oder gibt es einen Weg, mich davon zu befreien?

Die Mönche der ägyptischen Wüste kannten solche Erfahrungen. Denn am Samstag und Sonntag kamen sie zusammen, um miteinander zu beten, zu essen und sich auszutauschen. Wenn sie sich nach diesem Treffen auf den Heimweg machten, nahmen sie nicht nur das Arbeitsmaterial für die kommende Woche mit; auch das eine oder andere verletzende Wort, das während der gemeinsamen Zeit gefallen war, ging mit ihnen.

Da gibt es die Geschichte von einem Wüstenvater, der sich zu helfen wusste: Als Altvater Johannes sich einmal in die Kirche begab, hörte er einige Brüder heftig streiten. Bedrückt kehrte er zu seiner Einsiedelei zurück, ging dreimal um sie herum und trat erst dann ein. Einige seiner Schüler fragten ihn verwundert: „Warum tust du das?" Er antwortete ihnen: „Meine Ohren waren von den Streitereien voll. Ich musste sie erst reinigen, damit ich in Ruhe meine Zelle betreten konnte."

Abbas Johannes wollte kein verqualmtes Haus, darum gab er seinem Ärger die Möglichkeit zu verrauchen. Welche Runde kann ich drehen, wenn mich etwas zu sehr beschäftigt? (AP 340)

## Makarios findet eine Frau

Die Geschichten und Aussprüche der Wüstenväter nennen oft so nebenbei viele historische Details, die uns helfen, die Welt und Umwelt der frühchristlichen Mönche zu verstehen. Ein gutes Beispiel dafür ist die folgende Begebenheit.

Der später berühmte Altvater Makarios lebte als junger Mönch am Rande eines Dorfes. Den

Bewohnern dürfte er als herausragender Geistlicher aufgefallen sein, denn sie wollten ihn zum Pfarrer machen. So wie viele andere Mönche sträubte er sich aber dagegen, Priester zu werden, sondern trachtete danach, in der Abgeschiedenheit vom gesellschaftlichen und kirchlichen Treiben zu leben. Deshalb ging er an einen anderen Ort, wo er wieder in der Nähe eines Dorfes sein Kellion (Zelle, Einsiedelei) baute. Wie es öfters im Wüstenmönchtum der Fall gewesen sein dürfte, schloss sich ihm ein Mann des Dorfes an, um dem Mönch eine Hilfe zu sein und dafür im Umfeld dieses kleinen geistlichen Zentrums selbst die Nachfolge Christi entschiedener leben zu können.

Da geschah es, dass eine Jungfrau im Dorf überraschend schwanger wurde. Als sie die Schwangerschaft nicht mehr verbergen konnte, behauptete sie, der neue Einsiedler sei daran schuld. Die Leute des Dorfes ergriffen Makarios, schleppten ihn ins Dorf, behängten ihn mit rußigen Gefäßen und Töpfen, schlugen ihn und zerrten ihn durch die Straßen: „Dieser Mönch hat unsere Jungfrau entehrt!" Sie hätten ihn beinahe umgebracht, als ein alter Mann des Weges kam und einschritt: „Wie lange schlagt ihr noch den fremden Mönch?"

Der Mann, der mit Makarios lebte, schämte sich für ihn. Auch ihn verhöhnten sie: „Siehe, der Mönch, für den du arbeitest, was hat er getan!" Die Eltern der Schwangeren sagten: „Wir lassen ihn nicht gehen, ehe er einen Bürgen gestellt hat, der unsere Tochter versorgt." Makarios sprach mit seinem Mitbewohner, und der verbürgte sich für ihn. Makarios gab ihm alle Körbe, die er hatte, und sagte: „Verkaufe sie und gib das Geld meiner Frau." Und im Gedanken sprach er zu sich: „Makarios, siehe, jetzt hast du eine Frau gefunden. Du musst nun mehr arbeiten, um sie und das Kind zu ernähren."

Wir ahnen bereits, dass Makarios mit der Schwangerschaft nichts zu tun hatte. Beeindruckend, wie er sich in sein Schicksal ergab und aus der Situation das Beste machte und noch dazu die Ironie besaß, von seiner Frau zu sprechen, der gegenüber er nun verpflichtet sei.

Der junge Einsiedler arbeitete nun Tag und Nacht und sandte der schwangeren Frau alles, was sie brauchte. Als die Geburt kam und sie lange in Wehen lag, fragten die von ihrer antiken Mentalität geprägten Leute, was der Grund für die schwere Geburt sei. Die Schwangere antwortete schließlich: „Ich weiß es, denn ich habe den Einsiedler verleumdet und ungerechterweise beschuldigt. Er hat damit gar nichts zu tun, sondern ein Mann namens Soundso ist der Vater des Kindes."

Der Mann, der mit Makarios lebte und arbeitete, lief rasch vom Dorf zur Einsiedelei und berichtete Makarios freudestrahlend, dass die junge Frau nicht gebären konnte und ein Geständnis abgelegt hatte. „Und siehe, jetzt will das ganze Dorf zu dir kommen, um sich bei dir zu entschuldigen, und dir die Ehre zu erweisen."

Als Makarios das hörte, stand er auf und floh, damit die Menschen ihn nicht loben und bedrängen würden. Er ging in eine abgelegene Gegend tief hinein in die sogenannte Sketis, wo er sich niederließ und wohin ihm tausende Asketen folgen sollten. (AP 454)

# 2.
# Der Rückzug eröffnet eine neue Welt

# Makarios wird ausgeraubt

Hitze und Kälte, grelles Sonnenlicht und stockdunkle Nächte, trostlose Ebenen und atemberaubende Erhebungen, Aufstiege und gefährliche Abhänge – die Wüstenlandschaft wurde den christlichen Einsiedlern zum Sinnbild ihres Daseins. In der Wüste kann nichts mehr Wurzeln schlagen, doch die Freiheit und das eigene Ich kann sich umso mehr entfalten. Und so treffen wir auf Mönche, die völlig frei waren von irdischen Bindungen.

Von Makarios wird eine groteske Begebenheit erzählt: Als er eines Tages zurück zu seiner Einsiedelei marschierte, sah er einen Räuber, der gerade seinen ganzen Besitz herausschaffte. Wie ein Fremder trat er hinzu und half dem Dieb bereitwillig, sein Lasttier zu beladen. In aller Ruhe entließ er ihn, indem er zu sich sagte: „Wir haben nichts in die Welt mitgebracht, und wir können auch nichts aus ihr mitnehmen. Der Herr hat gegeben, der Herr hat genommen; gelobt sei der Name des Herrn."

Auf den ersten Blick können wir über Makarios nur den Kopf schütteln. Wie dumm, einem Räuber sogar noch zu helfen, die eigenen Sachen wegzunehmen! Doch irgendwie geht von dieser

Begebenheit eine Faszination aus. Natürlich, wir können uns wohl nie zu einer solchen Haltung durchringen, und wir sollen unsere Existenz auch nicht leichtfertig aufs Spiel setzen. Aber es gibt gute Gründe, dass sich gerade diese Geschichte in so vielen Abschriften über die Wüstenväter findet.

Vielleicht hilft sie mir, wenn ich wieder einmal alles haben möchte; wenn ich Dinge krampfhaft festhalte, die mich in meiner Weiterentwicklung eigentlich behindern. Da kann ich dann – mit einem leisen Lächeln und doch mit Ernst – an den alten Makarios denken: wie er in aller Ruhe dem Räuber half, sein eigenes Hab und Gut mitzunehmen; und wie frei er sich danach fühlte, ohne all den Ballast, ganz allein, in der Wüste Ägyptens.

(vgl. AP 471)

## Die Natur als Lehrmeisterin

Jede Zeit sucht Leitbilder. Viele fasziniert heute das einfache Leben und die Erdverbundenheit der Ureinwohner. Was für uns die Hopi-Indianer oder die Aborigines sein mögen, das waren für viele Christen der Spätantike die Wüstenväter. Wie sie lebten und was sie sagten, davon sprach man in der ganzen damaligen Welt. Ich glaube, ihre Botschaft ist noch immer gültig.

Da besuchte etwa ein Gelehrter den Mönchsvater Antonius tief in der Wüste. Er wollte von dem berühmten Einsiedler einen Weisheitsspruch hören, den er dann weitererzählen konnte. Doch der gab ihm nur wortlos etwas zu essen und wies ihm einen Schlafplatz zu. Dann flocht er weiter an einem Korb. Erst als es dämmrig wurde in der Zelle, brach er sein Schweigen, aber nur, um Psalmen zu singen. Bei Sonnenuntergang wanderte er auf eine Anhöhe und betrachtete still die weite Landschaft.

Der Besucher dachte: „Wenn Antonius so lange überlegt, muss der Spruch besonders gut werden." Doch langsam kam ihm ein Verdacht: „Vielleicht ist dieser Antonius gar ein Analphabet?" Dann wäre die ganze Wüstenwanderung umsonst gewesen! Er wollte es wissen und fragte ihn: „Vater, wie kannst du ohne Bücher so zufrieden sein?" Antonius antwortete: „Mein Buch, oh Weiser, ist die Natur. Sie öffnet mir ihre Seiten, sooft ich mich danach sehne, die Worte Gottes zu lesen." Mehr sagte er nicht. Auf dem Rückweg ging dem Gelehrten das einfache und doch erfüllte Leben des Antonius nicht mehr aus dem Sinn. Und er entdeckte plötzlich in ganz schlichten Dingen eine Weisheit, wie er sie in all seinen Büchern noch nie gefunden hatte.

Diese Erkenntnis wird über tausend Jahre später Ignatius von Loyola in folgende Worten fassen: „Nicht das Vielwissen sättigt, sondern das Verkosten der Dinge von innen her." Und der Zisterziensermönch Bernhard von Clairvaux prägte den Satz: „Du wirst mehr in den Wäldern finden als in den Büchern. Die Bäume und Steine werden dich Dinge lehren, die dir kein Mensch sagen kann." (frei nach AP 963)

## Andere nicht verurteilen

Für die frühen Mönche in den Wüsten des Orients war das Tun wichtiger als das Reden. Ihnen kam es auf das rechte Handeln an, nicht auf große Lehren. Das eigene Herz kennen, den Sinn des Lebens verstehen und Gott in allem den Größeren sein lassen, das war das Ziel ihrer Existenz.

In einer Mönchssiedlung hatte sich ein Bruder schuldig gemacht. Was ihm vorgeworfen wurde, wissen wir nicht. Man wollte jedenfalls eine Versammlung einberufen und den berühmten Einsiedler Mose bei der Verurteilung dabeihaben. Der aber folgte nicht der Aufforderung, zur Verhandlung zu kommen. Zunehmend bedrängt erhob er sich dann doch. Er nahm einen durchlöcherten Korb, füllte ihn mit Sand und nahm ihn auf die Schulter. Als die entgegenkommenden Mönche das sahen, fragten sie ihn: „Was tust du da, Vater?" Mose sprach zu ihnen: „Das sind meine Sünden. Hinter mir rinnen sie heraus, und ich sehe sie nicht. Nun bin ich gekommen, um fremde Sünden zu richten." Als sie das hörten, sagten sie nichts mehr zu dem schuldigen Bruder, sondern verziehen ihm.

Durch Appelle oder Zurechtweisungen hätte der Einsiedler wohl nichts bewirkt. Die anschauliche Handlung mit dem Korb führte jedoch einen Sinneswandel herbei und machte den Mönchen offensichtlich klar: Nur wer sich selbst nicht kennt, möchte jemanden verurteilen. Wer den Frieden mit sich und der Umwelt anstrebt, braucht sich nicht aufspielen und publikumswirksam die Fehler anderer herausstreichen. Er sieht seine eigenen Schwächen und hat es nicht nötig, sie zu verdecken oder sich von ihnen ablenken zu müssen. In einem anderen Zusammenhang sagte daher Altvater Mose: „Wenn jemand seine eigenen Sünden trägt, dann schaut er nicht auf die des Nächsten."

(AP 496, AP 510)

## Die Weisheit der Gießkanne

In der Wüste scheint alles zu schweigen, auch Gott. Und doch ist sie eine religiöse Landschaft mit hoher Aussagekraft. Die Wüste beantwortet zwar keine Fragen. Aber sie fordert zum Bestehen, zum Aushalten, zur Beharrlichkeit heraus. Wer sich in die Wüste begibt, verzichtet darauf, alle Möglichkeiten auszuschöpfen. Dafür können ihm andere Horizonte aufgehen, vor allem ungeahnte innere Welten. Doch bis sich etwas auftut und zeigt, braucht es Zeit und Geduld.

Ein Mann begab sich zu einem Einsiedler in die Wüste. Er fühlte sich ausgelaugt und leer und wollte abseits der weltlichen Ablenkungen zu sich selbst finden. „Der heilige Mann wird mir Ratschläge und Anweisungen geben können, wie das geschehen kann", sagte er sich. Doch der Mönch nahm nur einen dürren Zweig, steckte ihn in die Erde und trug dem Mann auf: „Gieß das Stück Holz täglich, so lange, bis es grünt." Der Weg zum Brunnen war weit, und der Mann sah immer weniger Sinn darin, einen abgestorbenen Zweig zu bewässern. Plötzlich, nach drei Monaten, kam Leben in das Holz, es keimte und blühte und brachte sogar Frucht.

Da begriff der Mann: Vieles, was tot scheint, kann zum Leben erwachen, ob in der Familie, bei Beziehungen oder im Beruf. Aber das geht nicht von selbst und auch nicht von heute auf morgen. Ich muss mich auf das Wesentliche konzentrieren, mich immer wieder neu ausrichten und so mein Leben zu den wahren Quellen führen. Dann darf ich mich getrost dem überlassen, der im Verborgenen wirkt und waltet. – Voll Zuversicht und Tatendrang verließ der Mann wieder den alten Einsiedler in der Wüste. (vgl. AP 316)

## Was die Toten lehren

Ein Mönch ging zu einem berühmten Einsiedler in die Wüste. Er war unruhig geworden und hatte das Gefühl, den vielen Anforderungen nicht mehr gerecht werden zu können. „Vater, sag mir ein Wort, damit ich wieder zur Ruhe komme!" Der Alte bewirtete ihn, sagte aber länger nichts. Dann trug er ihm auf: „Geh hin zu den Gräbern und beschimpfe die Toten!" Der Bruder ging hin und verhöhnte sie, sogar mit Steinen bewarf er ihre Grabstätten. Zum Einsiedler zurückgekehrt, fragte ihn dieser: „Haben sie dir nichts gesagt?"

– „Nein!" – „Geh morgen wieder hin und lobe sie!" Der Bruder ging wieder zu den Gräbern und lobte überschwänglich die Toten. „Haben sie dir nichts geantwortet?", fragte wieder der Alte. Verdutzt antwortete der Bruder: „Nein, gar nichts." Da belehrte ihn der Einsiedler: „So musst auch du werden, wenn du heil sein willst. Werde ein Leichnam, beachte weder die Schmähungen der Menschen noch ihr Lob – sei wie ein Toter, und du wirst deine innere Mitte wieder finden!"

Diese Aufforderung klingt vielleicht für unsere Ohren zu drastisch. Aber an dieser Geschichte sehen wir sehr schön das Geheimnis der Wüstenväter: Der Einsiedler erkennt das Problem. Ein Ratschlag würde da kaum etwas bringen; der Besucher muss eine Erfahrung machen. Zuerst soll er an den Toten seine Gefühle abreagieren. Dann kann er an ihrem Beispiel einsehen, dass auch er unabhängig von Misserfolg und Anerkennung seinen Weg gehen kann. Die eigenen Erwartungen und Gefühlsschwankungen sollen die innere Stabilität nicht mehr erschüttern.

Und immer, wenn der Mönch fortan den Tadel der anderen fürchtete oder nach ihrem Beifall heischte, dachte er daran, wie er damals an den Gräbern stand und der alte Einsiedler zu ihm sagte: „Werde wie ein Leichnam." (AP 476)

45

# Lob der Einsamkeit

Für mich stammt die beste Definition, was der Mönch sei, von Evagrius Ponticus: „Das ist der Mönch: von allen getrennt, mit allen verbunden." Evagrius († 399) hatte in Konstantinopel ein geschäftiges Leben geführt. Die letzten 15 Jahre verbrachte er in Ägypten, zuerst im Mönchsdorf Nitria. Nach zwei Jahren übersiedelte er in die abgelegeneren „Kellia" (Zellen, wo sich jene Mönche gesammelt hatten, die noch mehr in Einsamkeit leben wollten).

Der Mönch, von allen und allem getrennt. Im Wort *monachos* steckt *monos* – allein, einzig. Viele Menschen, die ich treffe oder die zu uns ins Kloster kommen, sind auf der Suche nach Einsamkeit. Sie brauchen Ruhe und haben es satt, ständig dem Zwang zur Kommunikation ausgesetzt zu sein. Der allgegenwärtige Small Talk ödet sie an, in der Arbeit wird alles zerredet, bis zum Überdruss reglementiert und evaluiert. Ihr Leben scheint an der Oberflächlichkeit zu zerrinnen. Wer seine Seele auf diese Weise bedroht sieht, muss sich zurückziehen und die „Alleinigkeit" suchen.

Freilich, die Gefahr besteht, dass der Rückzug nicht guttut; jemand kapselt sich ab und wird zum Eigenbrötler, Sonderling und Kauz. Die

Einsamkeit ist dann kein heilsamer Raum zur Selbstentfaltung und Gottesbegegnung, sondern Ausflucht, sich nicht der Welt mit ihren Herausforderungen stellen zu müssen. Schon die frühen Mönche wussten: „Wenn du vorher nicht mit den Menschen in der Welt zurechtgekommen bist, dann kannst du auch nicht mit der Einsamkeit zurechtkommen." Deshalb prüfen wir im Kloster genau die Motive, warum jemand bei uns eintreten will.

Die Einsamkeit kann bedrückend sein, besonders wenn jemand ungewollt alleine ist, sie kann aber etwas Großes bewirken. In ihrem Raum des Kraftschöpfens und der Kreativität erfahren wir dann, was Evagrius im zweiten Teil seiner Definition des Mönches auf den Punkt bringt: mit allen und allem verbunden! Das erlebe ich immer wieder in abgeschiedenen Stunden meines Klosterlebens. Und das erfahren Menschen, die sich regelmäßig Wüstenzeiten gönnen, die alleine sind mit einem Buch oder in der Natur oder einfach still für sich und vor Gott da sind nach der bewährten Regel: eine Stunde am Tag, einen Tag im Monat und eine Woche im Jahr.                    (AP 449)

# Die unerkannte Heilige

Die Mönche der frühen Kirche im Nahen Osten waren den Naturgewalten ausgesetzt; sie lebten in einfachen Behausungen und beschäftigten sich mit Gebet und Handarbeit. Auch Frauen schlossen sich dieser Bewegung an. Diese Wüstenmütter haben nicht so viel Aufsehen erregt wie die Wüstenväter, aber sie haben uns nicht weniger zu sagen.

In den Aussprüchen der Wüstenväter hören wir von einer solchen Gottsucherin. Wir erfahren ihren Namen nicht und kein einziges Wort ist von ihr überliefert. Sie lebte in einem Kloster und wollte Dienerin aller sein. Um nicht gelobt zu werden, stellte sie sich töricht. Sie ernährte sich von den Resten, die sie beim Abwaschen vorfand, und ertrug geduldig die schlechte Behandlung der Mitschwestern.

Der heilige Pyoterius lebte als Einsiedler in der Nähe dieses Frauenklosters. Er war hochmütig geworden und erfuhr in einer Vision: In jenem Kloster lebt eine Schwester, die dir weit überlegen ist. Das erweckte sein Interesse, vielleicht sogar etwas Neid. Er ging hin und ließ sich eine Schwester nach der anderen vorstellen. Doch in keiner erkannte er jene, die ihm in der Vision gezeigt worden war. „Habe ich wirklich alle gesehen?", fragte er. Die Klostervorsteherin antwortete: „Nein, eine lebt noch mit uns, ihren Anblick wollten wir dir aber ersparen." Und so wurde die angeblich törichte Schwester gerufen, die man vor dem berühmten Mönch verheimlichen wollte. Als sie eintrat, lief Pyoterius zu ihr hin, denn er hatte die Seelenschau und gleich erkannt, dass sie die unerkannte Heilige dieses Klosters war. Er warf sich ihr zu Füßen und sagte: „Segne mich, Mutter!" Sie entgegnete: „Segne du mich, Vater!"

Betroffen erkannten die anderen Schwestern, dass sie die angeblich nicht ganz zurechnungsfähige Mitschwester verkannten. Voll Reue erzählten sie Pyoterius, welches Leid sie ihr zugefügt hatten. Wörtlich heißt es in der 1600 Jahre alten Schilderung: „Die eine gestand: Ich habe ihr das Spülwasser über den Kopf gegossen, eine andere: Ich habe ihr die Nase mit Senf vollgeschmiert."

Von diesem Tag an wurde sie mit großer Ehrerbietung behandelt. Pyoterius kündigte an, sie regelmäßig zu besuchen und Rat von ihr zu erbitten; die Klostervorsteherin wies ihr beim Gebet und bei den Mahlzeiten den Platz neben sich zu. Da sah die bisher unbeachtete Heilige ihre Seele in Gefahr. Heimlich verließ sie das Kloster, und niemand konnte je erfahren, wohin sie gegangen war. (vgl. AP 1088)

# 3.
# Die Macht der Gedanken

# Tiefer blicken

Die frühchristlichen Mönche waren in der Wüste auf sich allein gestellt und versuchten beständig, mit Gott in Einklang zu kommen. In ihrer Einsamkeit haben sie eine wichtige Erfahrung gemacht: Unsere Probleme sind zumeist nicht intellektueller Natur. Was uns zu schaffen macht, sind vielmehr die Gedanken, Vorstellungen und Fantasien, die auf uns eindringen. Wir sagen ja auch: „Mir hat sich dieser Gedanke aufgedrängt" oder „Dieses Gefühl lässt mich nicht mehr los".

Die Gedanken kämpfen geradezu darum, Einfluss auf uns auszuüben, meinen die Wüstenväter. Deshalb ringen sie mit den schlechten Gedanken und bemühen sich um gute. Ihr Blick bleibt nicht an der Oberfläche; er wendet sich von den Symptomen zu den wahren Ursachen. In der Stille und Konzentration wird die Seele klar und durchsichtig; erst dann kann ich in der Tiefe erkennen, was mich beherrscht und umtreibt.

Es wird von zwei Männern erzählt: Sie kamen verzagt und innerlich aufgewühlt zu einem Einsiedler in die Wüste. Der schwieg zunächst, goss dann Wasser in ein Gefäß und sagte zu ihnen: „Schaut hinein!" Das Wasser war aber noch ganz unruhig. Nach einiger Zeit ließ er sie wieder hineinsehen und sprach: „Betrachtet nun, wie ruhig das Wasser geworden ist." Und sie schauten hinein und erblickten ihr Gesicht wie in einem Spiegel. Darauf sagte der Mönch: „So geht es dem, der unter den Menschen weilt – wegen der Unruhe und dem Lärm kann er seine Schwierigkeiten nicht annehmen und die eigenen Fehler nicht sehen. Wer sich aber ruhig hält und die Stille sucht, wird bald seine Situation klar erkennen." (vgl. AP 987)

## Schlechten Gedanken widerstehen

Erstaunlich vielen Menschen machen immer wiederkehrende Gedanken zu schaffen, die oft voll Hass und Eifersucht sind; manche wünschen sich sogar, dass einen Mitmenschen Unglück befällt oder ihm etwas zustößt. Sie leiden darunter und klagen sich an. Die Mönche in der Wüste setzten sich ihren Vorstellungen und Einbildungen bewusst aus. In den „Gedanken" erkannten sie unwillkürliche Vorgänge, die der freien Verfügung entzogen sind. „Wir alle werden von ihnen gequält und sie wohnen uns allen inne", bestätigt Johannes Cassian, ein Mönchsvater aus dem 5. Jahrhundert. Die Mönche sind also weit davon entfernt, einfach nur zu sagen: „Schrecklich – wie kann man nur so etwas denken!" oder „Reiß dich doch zusammen!" Vielmehr ermutigen sie den Menschen zu einem guten Umgang mit den inneren Stimmen.

Ein Bruder kam ganz niedergeschlagen zu Altvater Poimen und sagte: „Vater, ich habe vielerlei Gedanken und komme durch sie in Gefahr." Der Einsiedler führte ihn ins Freie und sprach: „Breite dein Obergewand aus und halte den Wind auf!" Er antwortete: „Das kann ich nicht!" Da sagte Poimen zu ihm: „Wenn dir das nicht möglich ist, dann kannst du auch deine Gedanken nicht hindern, zu dir zu kommen. Aber es ist deine Aufgabe, ihnen zu widerstehen!"

Mit diesem einprägsamen Bild macht die 1600 Jahre alte Erzählung von Altvater Poimen klar: Was auch immer über dich kommt oder dich befällt, du brauchst keine Schuldgefühle zu haben. Aber eines kannst und sollst du tun: dich den schlechten Gedanken entgegenstellen.

(AP 602, Unterredungen 1,5)

## Die inneren Regungen ordnen

Von Altvater Poimen ist auch folgende Erzählung überliefert: Wenn er zum Gottesdienst ging, setzte er sich zuerst allein nieder und untersuchte seine Gedanken, etwa eine Stunde lang. Und so ging er dann weg.

Warum wurde eine solche Belanglosigkeit von Generation zu Generation weitererzählt und dann viele Male auf teures Pergament geschrieben? Ich glaube, die Haltung des Mönchsvaters aus dem 5. Jahrhundert ist wichtig – gerade heute.

In Gedanken sind wir oft nicht bei uns oder bei der Sache, der wir uns eigentlich widmen sollen. Da planen wir, malen uns aus, was wohl kommen mag, sprechen innere Dialoge. Vieles soll gleichzeitig passieren; wir möchten alle Möglichkeiten ausschöpfen. Unser Tun und Denken zielt auf Steigerung: immer mehr, immer schneller, immer etwas Neues! Aufregend und abwechslungsreich soll es zugehen! Eine Masse von Bildern, ununterbrochener Lärm strömen auf uns ein.

Unser Blick richtet sich nach außen, damit uns ja nichts entgeht. Doch die Überfülle an Eindrücken bringt eine ungeheure Zerstreuung und Geschäftigkeit mit sich. Unsere Innenwelt wird übertönt und überblendet. Und so fühlen wir uns oft zerrissen.

Altvater Poimen geht zum Gottesdienst. Um sich auf dieses wichtige Ereignis vorzubereiten, braucht er einen Raum der Stille und eine Zeit des Hörens. Dort „untersucht" er seine Gedanken: Er ordnet die inneren Regungen, nimmt Unverarbeitetes wahr, schaut genau an, was sich in ihm aufgestaut hat. Poimen weiß: Wenn ich unvorbereitet in den Gottesdienst gehe, hänge ich in Gedanken noch lange an bestimmten Gesprächen und Ereignissen oder plane schon wieder für die Zukunft. Er will aber ganz da sein, und deshalb muss er vieles in Gedanken abschließen oder loslassen. – Wenn ich selbst vor wichtigen Ereignissen, Besprechungen, Entscheidungen stehe: Wo und wann kann ich meine Gedankenwelt in Ordnung bringen? (AP 606)

## Vom Umgang mit Schlangen und Skorpionen

„Schon wieder ein schrecklicher Tag … ich habe keine Lust … was mich heute erwarten wird … puh! Warum meint es das Leben so schlecht mit mir!" Solche negativen Gedanken überfallen uns manchmal; sie machen sich dann in unserem

Denken breit und können unser Leben immer mehr bestimmen. „Dämonen" nennen die Wüstenmönche die bösen Gedanken. Damit wollen sie sagen: Die Gedanken sind nicht nur „etwas", sondern wie ein „Jemand"; sie treten dem Menschen sozusagen gegenüber und entfalten eine eigenständige Kraft. Sie versuchen, den Menschen von der guten Ausrichtung seines Lebens und von Gott abzulenken. Solche „Einreden" muss ich einfach abschneiden. Das gilt nicht nur für negative Einflüsterungen, die bis zu Selbstmordgedanken gehen können. Auch wiederholte Erinnerungen an verletzende Situationen oder Worte würden mich sonst auffressen.

Altvater Poimen veranschaulicht mit zwei einfachen Bildern die Wirkung zerstörerischer Gedanken; gleichzeitig zeigt er damit, wie wir sie behandeln sollen: „Wenn einer eine Schlange oder einen Skorpion in ein Gefäß wirft und es verschließt, dann gehen sie mit der Zeit ein. So auch die schlechten Gedanken, die von den Dämonen herkommen. Sie hören bei geduldigem Ausharren auf." Poimen macht klar: Wenn wir bösen Eingebungen Raum geben, dann vergiften wir uns. Doch wenn wir ihnen, statt sie zu hegen und zu pflegen, keine Beachtung schenken, lösen sie sich allmählich auf. Altvater Poimen macht einen weiteren bildlichen Vergleich: „Es ist wie mit einer Truhe, die voller Kleider ist: Wenn einer sie drinnen liegen lässt, dann vermodern sie mit der Zeit. So ist es auch mit den schlechten Gedanken: Wenn wir sie nicht mit dem Leibe ausführen, dann verschwinden sie mit der Zeit oder verfallen." (AP 594, AP 595)

## Tu das nicht!

Wenn Vater Agathon etwas sah und sein Herz über eine Sache oder einen Menschen urteilen wollte, sprach er zu sich: „Agathon, tu das nicht." Und so kam sein Denken zur Ruhe.

Auch ein so erfahrener Mönch wie Agathon musste entdecken, dass er anfällig bleibt für negative Reaktionsmuster. Es genügte, dass er einen bestimmten Bruder sah, und schon stieg es in ihm hoch: „Dieser Unsympathler hat mir gerade noch gefehlt!" Agathon wunderte und ärgerte sich nicht darüber, dass ihm das passierte. Er verlangte von sich nicht: „Solche Gedanken dürfen mir nicht mehr kommen!" Aber er gab ihnen nicht nach, denn er wusste, sonst nisten sie sich ein und lassen ihn nicht mehr los. Deshalb hat er die entgegengesetzte Reaktion eingeübt: Sobald er über jemanden oder über etwas schlecht urteilen wollte, rief er sich zurück mit dem Wort: „Tu das nicht!" Offensichtlich hatte diese Gewohnheit die bösen Eindringlinge vertrieben; die kleine Geschichte nennt als Ergebnis: So kam er zur Ruhe.

Ich habe es ausprobiert: Da kommt Zorn in mir hoch, ich will etwas entgegnen, was mir nachher leid täte. Dann klopfe ich mir innerlich auf die Schulter und sage: „Bernhard, halt dich zurück, sag jetzt nichts." Wenn ich das schaffe, wenn ich kein unüberlegtes Wort, keine verletzende Widerrede ausgesprochen habe – dann freue ich mich und merke, wie ich innerlich ruhig und zufrieden werde.

Wir können diese Haltung einüben, sie uns zur Gewohnheit machen: Auf einen verächtlichen Blick oder auf ein böses Wort still sprechen: „Herr Jesus, segne ihn!" Oder: „Gott, warum regt mich dieser Mensch so auf? Mach mich offen, heile unsere Beziehung!" Was Agathon in der ägyptischen Wüste des 5. Jahrhunderts geholfen hat, das dürfen auch wir versuchen.        (AP 100)

## Den Narren spielen

Viele fragen sich, wie sie im Beruf oder in der Partnerschaft zurechtkommen sollen, was ihnen helfen könnte, eine scheinbar aussichtslose Lage zu meistern. Zwei Mönche aus dem 5. Jahrhundert zeigen uns, wie wir mit solchen Ängsten umgehen können.

Man erzählte von den Altvätern Theodor und Lukios, dass sie fünfzig Jahre mit ihren Gedanken Spott trieben, indem sie sagten: „Nach dem Winter gehen wir von dieser Wüste fort." Wenn dann der Sommer kam, sagten sie: „Nach dem Sommer wandern wir von hier aus." Auf diese Weise machten es diese unvergesslichen Väter die ganze Zeit.

Manchmal hilft es, seine Gedanken nicht zu ernst zu nehmen, sondern sie gewissermaßen zum Narren zu halten. Gerade in Krisenzeiten oder bei schwierigen Fragen. Das Leben in der Wüste ist hart und der Wunsch auszubrechen ist groß. Das ist heute nicht anders: Immer am gleichen Ort, ein Leben lang in derselben Firma, dauerhaft mit einem Menschen zusammen – bei solchen Gedanken sind viele überfordert. Die beiden alten Mönche nehmen der Angst die Spitze, indem sie mit Schalk in den Augen sagen:

„Wenn der Winter vorbei ist, wenn der Sommer vorbei ist, hauen wir ab!"

Aus ihrem Verhalten spricht eine große Weisheit: Die zwei Einsiedler überspielen ihren Überdruss nicht; Appelle wie „Das darfst du nicht denken" oder „Andere haben es noch schwerer als du" würden alles nur noch schlimmer machen. Vielmehr spielen sie mit ihren Einflüsterungen. Dadurch gelingt es ihnen, nicht auf den schrecklich langen Weg zu starren, sondern nur eine kleine Strecke in den Blick zu nehmen – nur die nächste Etappe. Schritt für Schritt gewöhnen sie sich an das Leben, das sie gewählt haben. So können sie die harte Realität meistern. Sie sind bei ihrem Vorsatz und in der Einöde geblieben. Für die Generationen nach ihnen sind sie ein Ansporn, den Weg der kleinen Schritte zu gehen. (AP 298)

## Gedanken aus der Heiligen Schrift

Den negativen Gedanken („Einflüsterungen der Dämonen") setzten die Wüstenväter Gedanken entgegen, die sie nachhaltig nährten und die ihnen zum geistigen Aufstieg verhalfen. Anhand vieler Aussprüche und Geschichten können wir beobachten, wie sie mit der Bibel ringen, die Schriftstellen aufknacken wie eine harte, aber nahrhafte Nuss und so aus der Heiligen Schrift leben. Etliche Zeugnisse sprechen davon, wie die Mönche murmelten, weil sie während der Arbeit Psalmen oder einzelne Verse des Alten und Neuen Testaments ständig wiederholten. Sie wussten die Psalmen und viele andere Passagen auswendig und kauten sie oftmals wieder, weshalb wir von *ruminatio* – Wiederkäuen – sprechen können. Auf diese Weise verinnerlichten sie die biblische Botschaft, die ihnen immer mehr zum Gleichnis und Schlüssel ihres Lebens wurde.

Oft sagen die Altväter nicht einfach nur ein Wort, sondern sie zitieren einen Vers aus der Schrift, der für sich dunkel und unverständlich scheint, und machen ihn dann zugänglich mit ein paar weiteren Worten. Ich wähle bewusst ein schwieriges Beispiel, das sich nicht sogleich erschließt und uns die Mühe abverlangt, aus der Heiligen Schrift den süßen Saft vorsichtig herauszupressen:

Ein Bruder fragte den Altvater Poimen: „Was soll ich tun?" Poimen antwortete ihm: „Als Abraham in das Land der Verheißung einzog, kaufte er sich eine Grabstätte und wegen des Grabes bekam er das Land zum Erbe."

Was hier Altvater Poimen dem Ratsuchenden sagt, ist nicht sogleich klar. Anscheinend wusste auch der Bruder damit nicht viel anzufangen. Fast wie ein Rätsel steht der Zusammenhang aus Genesis 23 im Raum. Und so heißt es weiter:

Da fragte der Bruder: „Was ist das Grab?" Poimen antwortete: „Ein Ort des Weinens und der Trauer."

Mit diesen Worten und wohl auch dem Segen entließ Altvater Poimen den Besucher. Der geht zurück in sein Kellion. Auf dem Weg durch die Wüste geht ihm der Dialog nicht mehr aus dem Sinn: Ja klar, das Grab ist ein Ort des Weinens und der Trauer. Aber wie hängt das mit dem verheißenen Land zusammen? Der Bruder lässt nicht locker. Vielleicht konnte er erst in seiner Zelle den tieferen Sinn herausfinden. Er wiederholte immer wieder den Schriftverweis und die Hilfestellung des Altvaters. Was haben Genesis 23 und das Grab der Sara mit mir zu tun?

Da geht ihm plötzlich auf: Das Land, das gelobte und ersehnte Land erwerbe ich mir mit Tränen, so wie Abraham nach dem Tod seiner Frau. Das Recht auf das Land erhalte ich durch Trauer! Der Bruder fühlte neue Kraft, Zuversicht, Sinn in dem Erlittenen, das für ihn zum Ausgangspunkt für ein neues Leben wurde. Deshalb, so vermute ich weiter, hat er diesen Dialog anderen erzählt. Erst viele Jahrzehnte danach wurden diese Zeilen von irgendjemandem, der den Bruder wahrscheinlich gar nicht mehr kannte, aufgeschrieben und so bis in unsere Tage tradiert.

Die tiefere Bedeutung der kurzen Unterredung zwischen dem unbekannten Bruder und dem berühmten Abbas Poimen hält auch für uns eine Weisheit parat: Wir wollen in das Gelobte Land und meinen, dass alles leicht gehe. Doch wenn wir ehrlich zu uns selbst sind, werden wir mit Leid, Trauer und Tod konfrontiert. Da sollen wir nicht davonlaufen, sondern uns wenigstens in den Wüstenzeiten unseres Lebens den inneren Abgründen stellen, gleichsam in die Tiefe der Trauer hinabsteigen und Poimen zu uns sagen hören: „Wegen des Grabes bekam Abraham das Land zum Erbe." Ja: In unserer Trauer, durch unsere Tränen wird uns eine neue Welt eröffnet.

# 4.
# Bausteine für ein Lebensprogramm

# Das Ziel vor Augen

Ein Spruch des Altvaters Antonius lautet: „Wer ein Stück Eisen hämmert, überlegt zuerst, was er machen will: eine Sichel, ein Schwert oder eine Hacke. So müssen auch wir überlegen, welche Tugend und welches Ziel wir anstreben wollen, damit wir uns nicht ins Leere bemühen."

Im alltäglichen Leben ist es selbstverständlich, sich Ziele zu setzen und an ihrer Umsetzung zu arbeiten. Ein gut organisiertes und zielstrebiges Vorangehen erleichtert meine Arbeit, ist effizient, vermeidet Stress und Frustration. Natürlich braucht es auch Muße für die Kreativität; die Wüstenväter haben sich durch ihre Lebensweise einen Freiraum geschaffen, durch den erst Großes geschehen kann. Sie zeigen aber auch: Damit Freiheit nicht in Beliebigkeit umschlägt, braucht es klare Regeln und eine konsequente und disziplinierte Umsetzung.

Wir können keine Fortschritte im Glauben machen, wenn wir plan- und orientierungslos in den Tag hineinleben. So wie im Beruf muss auch das religiöse Leben gestaltet und mit hoher Konzentration in eine bestimmte Richtung geführt werden. Wie viel investieren wir in unser leibliches Wohl, in Beziehungen, in unsere Arbeit!

Und das geistliche Leben soll sich von selbst einstellen? Freilich, Gott bewirkt alles Gute in uns, aber er bindet sein Wirken an unsere aktive und entschiedene Teilnahme.

Deshalb ist es wichtig, regelmäßig zu überlegen: Wo stehe ich? Wie soll ich mich entwickeln? Wohin führt mein Weg? Und dann gilt es, konkrete Schritte zu setzen. Für mich sind dabei folgende Stützen wichtig geworden, um im geistlichen Leben voranzukommen: Ich lese täglich in der Heiligen Schrift oder nehme einen Text aus der Liturgie, um mich zu fragen: Was bedeutet das für mich, was will mir Gott damit sagen? Außerdem versuche ich, jeden Tag ein gutes Buch zur Hand zu nehmen; theologische, philosophische oder literarische Werke bringen mich auf neue Gedanken, eröffnen mir Horizonte, auf die ich in meiner kleinen Welt nicht stoßen würde und die so mein Innenleben anreichern. Schließlich versuche ich regelmäßig, in Gesprächen mit spirituellen Menschen meine Lebensweise und inneren Haltungen zu hinterfragen und sie um Rat in verschiedenen Angelegenheiten zu bitten.

Wie immer ein geistliches Training aussehen mag: Entscheidend ist, dass wir gute Gewohnheiten ausbilden, überzeugende Haltungen einüben und auf diese Weise Tugenden erlangen, die die Wüstenväter so glaubhaft machten. (AP 35)

## Die schlechte Erinnerung

Diese Wüstenväter beherrschten die Kunst, in wenigen Worten viel zu sagen. Ihre Weisheiten sind zeitlos. Ich glaube, wir brauchen diese Einfachheit gerade heute, wo doch alles so kompliziert und undurchschaubar ist.

Da sagt etwa ein Altvater: „Wer in seiner Seele die Erinnerung an Böses festhält, gleicht einem Feuer, das man unter Stroh verbirgt." Das Geheimnis der Wüstenväter sind solche anschaulichen Bilder. Nur Appelle auszusenden wie „Sei ein guter Mensch!" bewirkt wenig. Aber die Dynamik eines falschen Denkens aufzuzeigen, kann uns zur Umkehr bewegen.

Hänge ich an schlechten Erinnerungen? Dann muss ich damit rechnen, dass die bösen Gedanken zu einem Feuer werden, das mich verzehrt. Es ist nicht leicht, aber heute könnte ich versuchen, diese Glut auszulöschen und das Feuer der Liebe zu entfachen. (AP 1031)

# Die Waage

Anstehende Entscheidungen können uns aus dem Gleichgewicht bringen. Gedanken schwirren in uns herum und wir wissen nicht: Was ist das Richtige? Wo geht es lang? Gäbe es doch jemanden, der mir das sagen könnte! Die alten Mönche in der Wüste Ägyptens nahmen den Ratsuchenden die Entscheidung nicht ab. Aber sie gaben ihnen wertvolle Hilfen mit auf den Weg.

Ein Bruder sagte zu Altvater Joseph: „Ich möchte das Kloster verlassen und als Einsiedler leben." Der Alte antwortete ihm: „Wo du deine Seele in Ruhe und ohne Schaden siehst, dort lass dich nieder." Der Bruder erwiderte: „Sowohl im Kloster als auch in der Einsamkeit habe ich Ruhe. Was willst du, dass ich tue?" Da antwortete der Altvater: „Wenn du sowohl im Kloster als auch in der Einsamkeit Ruhe findest, lege deine beiden Gedanken wie auf eine Waage, und wo du siehst, dass dein Gedanke mehr Nutzen hat und wo er hinneigt, das tu!"

Der Bruder soll also die Alternativen anschauen – auf die Waage legen – und sich dabei beobachten. Entscheiden soll er sich dann für die Schale, die mehr Gewicht hat und sich neigt. Ich brauche kein Orakel oder Horoskop zu befragen und auch nicht unzählige Berater aufzusuchen. Wo ich mich lebendiger, freier, echter fühle, das soll ich tun – auch wenn ich damit den schwierigeren Weg wähle. (AP 391)

## Das gute Maß

Die frühchristlichen Mönche in den Wüsten Ägyptens teilten nur mit, was sie selbst erfahren hatten. Das macht ihre Worte so authentisch und lebensnah. Diese Wüstenväter wussten, wie die innere Gedankenwelt zu ordnen ist; und sie erkannten, wie bedeutend der rechte Umgang mit dem Reden und Essen für ein gelungenes Leben ist. In der Einsamkeit übten sie sich in Demut, Zurückhaltung und Ausgeglichenheit. Anscheinend gelang dies manchen von ihnen auf vorbildliche Weise. Da liest man etwa:

Altvater Pambo fragte Antonius: „Was soll ich tun?" Antonius entgegnete ihm: „Baue nicht auf deine eigene Gerechtigkeit und lass dich nicht ein Ding gereuen, das vorbei ist, und übe Enthaltsamkeit mit der Zunge und dem Bauch."

Dieser Weisheitsspruch birgt für alle in irgendeiner Weise ein anspruchsvolles, aber zielführendes Programm: sich nicht nur auf das eigene Können verlassen; Dinge, die bereits vorbei oder entschieden sind, nicht immer wieder aufwärmen und bedauern; mit den Worten vorsichtig sein sowie weniger, maßvoller und gesünder essen.

(AP 6)

## Was über allem steht

Die Mönche der frühen Kirche zu betrachten, bringt die Gefahr, bei ihnen vor allem das Außergewöhnliche zu suchen. Ins Auge springt das Spektakuläre, noch nie Gehörte. Doch sie wollten einfach nur nach dem Evangelium leben. Deshalb finden wir viele, viele Zeugnisse, die von Taten der Nächstenliebe sprechen.

Da lesen wir: Die Wüstenväter lasen Verletzte vom Wegrand auf, kümmerten sich um Aussätzige, begruben die Toten. Palladius ermahnte die Brüder angesichts von Spaltungen in der Kirche: „Das kommt daher, dass wir Gott und den Nächsten nicht genug lieben." Abbas Matoe sprach im Hinblick auf Altvater Johannes: „Das ist die Vollendung, wenn einer den Nächsten höher schätzt als sich selber."

Die Liebe erweist sich besonders im Umgang mit Fremden und Kranken. Der heilige Makarios besuchte einmal einen kranken Einsiedler und fragte, was er braucht. Dieser sagte: „Ich hätte gerne eine Pastille aus Alexandrien." Makarios zögerte keinen Augenblick und ging den weiten Weg in diese große Stadt, um dem Geplagten das Gewünschte zu besorgen.

Die Wüstenväter wussten: Die Liebe wirklich umzusetzen ist das größte Werk, das unsere ganze Aufmerksamkeit in Anspruch nehmen sollte. Und wir haben immerfort dazu die Gelegenheit, jeden Tag neu. (AP 461, AP 1035, AP 519)

## Sich schlechten Einflüssen entziehen

Altvater Poimen empfahl einem Bruder: „Fliehe einen Menschen, der nicht reden kann, ohne unaufhörlich zu streiten." Widerspricht dieser Rat nicht der christlichen Nächstenliebe? Natürlich sollen wir die anderen annehmen und ertragen, wie sie sind. Aber wir dürfen auch nicht übersehen, dass uns jeder Mensch und jedes Ding, mit dem wir es zu tun haben, beeinflusst. Bilder, Erlebnisse, Gespräche – sie prägen uns. Auch der Apostel Paulus weiß, dass wir unausweichlich andere nachahmen. Deshalb warnt er die Christen der Anfangszeit: „Haltet euch von jenen fern, die ein unordentliches Leben führen" (2 Thessalonicher 3,6).

Altvater Poimen spürte offensichtlich, dass sein Besucher von anderen Menschen negativ beeinflusst und sein Leben dadurch verwirrt wird. Und deshalb rät er ihm, Abstand von denen zu nehmen, die ihn durcheinanderbringen oder gar einen schlechten Einfluss auf ihn haben.

Mit wem verbringe ich meine Zeit, auf wen lasse ich mich ein? Es liegt an mir, Situationen und Menschen zu meiden, die mich negativ prägen. Manchmal ist es in der Tat angebracht zu fliehen – und sei es nur, sich innerlich abzuwenden. (AP 988)

## Verantwortlich handeln

Für die Mönche in den orientalischen Wüsten war die Einsamkeit ein Weg, sich selbst auf Gott hin zu überschreiten. Doch bedeutet das nicht, dass sie unverantwortlich nur an sich dachten. Im Gegenteil: Ob ein Mönch wirklich ein Mönch ist, zeigt sich darin, wie er sich in die Gemeinschaft einbringt, in die selbst der strengste Einsiedler eingebunden ist. So handeln viele Aussprüche und Geschichten aus dem alten Wüstenmönchtum davon, wie das Zusammenleben gelingen kann und worauf es in der je eigenen Suche des Mönchs im Verband mit Gleichgesinnten ankommt.

Ein Leben für Gott bedeutet nicht, nur zu verkündigen oder sich ausschließlich in zurückgezogener Kontemplation zu ergehen. Das musste auch ein Mönch im alten Ägypten einsehen, der zu Abbas Silouanos auf den Berg Sina kam. Er verstand nicht, warum dieser sich so wie seine Schüler mit harter Arbeit abgab. Silouanos ließ ihn in eine leere Zelle einquartieren und gab ihm ein Buch. Niemand holte ihn zum Essen. Am Ende des Tages ging er hinaus und fragte: „Haben die Brüder heute nicht gegessen, Vater?" Silouanos antwortet: „Ja, freilich!" – „Warum habt ihr mich dann nicht gerufen?" Der Alte antwortete ironisch: „Weil du ein vergeistigter Mensch bist und diese Speise nicht nötig hast. Wir fleischlichen Menschen müssen jedoch essen, und darum arbeiten wir." Als der Bruder das hörte, fiel er dem Altvater zu Füßen und sagte: „Verzeih mir, Vater!"

„Sie sind dann wirklich Mönche, wenn sie wie unsere Väter und die Apostel von ihrer Hände Arbeit leben", wird der heilige Benedikt vielleicht 150 Jahre später in seiner Regel schreiben (RB 48,8).

So wie die Wüstenväter wusste er: Die Einordnung in die Gemeinschaft und die Arbeit verhilft zur Demut, die lateinisch *humilitas* heißt und mit *humus*, dem Erdreich, verwandt ist. Paulus schon sah die Handarbeit als Zeichen seiner apostolischen Glaubwürdigkeit, wie er unter anderem in 2 Thessalonicher 3,7–9 kundtut: „Wir haben uns gemüht und geplagt …, um keinem von euch zur Last zu fallen. Nicht als hätten wir keinen Anspruch auf Unterhalt; wir wollten euch aber ein Beispiel geben, damit ihr uns nachahmen könnt."

In den Mönchen können wir Menschen sehen, die die biblische Botschaft ausgestalten und nach dem Vorbild Jesu leben. Bereits Jesus hatte 30 Jahre unauffällig als arbeitender Mensch gelebt, wahrscheinlich als Tischler in Nazareth. Er hatte dann in Kafarnaum ein Zuhause, half den Nachbarn, traf Freunde. Und so konnte er seine dreijährige öffentliche Wirksamkeit entfalten. (AP 860)

# 5.
# Weisungen aus dem Alltag der Mönche

## Sich jemandem anvertrauen

Es wird erzählt, wie jemand den Mönch Paision fragt: „Was soll ich mit meiner Seele tun? Sie ist gefühllos und fürchtet Gott nicht." Ich stelle mir vor, wie einer mit sich selbst tief unglücklich ist und bei einem Einsiedler Hilfe sucht. Sein Inneres ist leblos, er nimmt nichts mehr wahr, auch Gott nicht. Aber er macht sich auf zu einem anderen, und so kann ihm geholfen werden. Was wird ihm aber Paision antworten?

Der lässt ihn nicht allein in seiner Not. Er gibt ihm aber nicht fordernde Ratschläge oder gute Wünsche. Vielmehr nimmt er den Druck von ihm und schickt ihn auf den Weg mit den Worten: „Geh, und schließ dich einem gottesfürchtigen Menschen an. Indem du dich ihm anvertraust, lehrt er dich, das Leben neu zu entdecken und Gott zu fürchten."

Das Beispiel eines anderen kann mir helfen zu sehen, wie Leben gelingt. Ich muss nicht andere kopieren, aber ich darf mich von ihnen inspirieren lassen. Immer wieder brauchen Menschen auch eine Person, die sie durch Krisenzeiten oder in Entscheidungssituationen begleitet. Auch die hier vorgestellten Mönche können zu wertvollen Begleitern werden. (AP 639)

## Vergleiche meiden

„Vergleiche dich nicht mit anderen." Dieser Rat war für die frühen Mönche ein Schlüssel zum richtigen Leben. Warum eigentlich?

In den Wüsten des Orients haben sie es erfahren: Jeder Mensch ist einzigartig, seine Geschichte und Sehnsucht sind einmalig. Wie verhängnisvoll ist es dabei, den eigenen Selbstwert durch den Vergleich mit anderen zu definieren!

Uns modernen Menschen nicht unähnlich, lebten die Einsiedler auf individuelle Weise. Sie waren in die Einöde ausgezogen, wo sie ein strenges asketisches Leben führten. Letztlich fühlten sie sich nur Gott verantwortlich. Viele von ihnen waren Originale – manchmal skurril, aber immer unverwechselbar.

Ich denke, wir können viel von ihnen lernen. Wir reden zwar häufig von Selbständigkeit und Unabhängigkeit, doch der Vergleich mit anderen wird uns schon sehr früh eingeimpft. Die Werbung stellt das eine Produkt über die anderen – mit schrillen Worten der Steigerung. Das Konkurrenzdenken bestimmt nicht nur die Wirtschaft, sondern das öffentliche wie private Leben; Rankings haben Hochsaison.

Die christlichen Aussteiger aus dem 4. und 5. Jahrhundert haben sich darum nicht gekümmert. Ihnen gelang es offensichtlich recht gut, authentisch zu leben. Deshalb wurde ihre Weisheitslehre überliefert. Sie kann auch uns befreien: „Vergleiche dich nicht mit anderen, und du wirst Ruhe finden." (AP 165, AP 788, AP 946)

## Der Segen des Alltags

Ein Mönch in der Wüste Ägyptens wurde gefragt: „Was muss ich tun, um gerettet zu werden?" Der Altvater war gerade dabei, ein Seil zu flechten. Ohne von seiner Arbeit aufzublicken, antwortete er: „Hier, du siehst es."

Wir können uns ausmalen, wie überrascht der Besucher war. Stundenlang ist er wohl durch die Wüste zum Einsiedler gegangen. Wahrscheinlich hatte er einen spirituellen Rat erwartet, der großartig klingt und mit dem er sogar angeben hätte können. Doch der Altvater hatte erkannt, was der Besucher braucht: Nicht große geistliche Übungen oder fantastische Worte helfen ihm weiter, auch nicht eine radikale Änderung des Lebens, sondern ein neuer Blick für den ganz normalen Alltag.

Ich kann mir vorstellen, dass der Besucher anfangs enttäuscht war über diese Antwort. Aber bei der Heimkehr durch die Wüste ging ihm die vermittelte Weisheit auf. Deshalb erzählte er diese Begebenheit weiter. Er hatte gelernt, seinen Tag mit anderen Augen zu sehen und in den einfachen Beschäftigungen neuen Sinn zu entdecken. Und wenn er wieder einmal niedergeschlagen war oder davonlaufen wollte, sah er den Mönch vor sich, wie er auf der Matte saß und arbeitete. Und wie er angesichts der bedrängenden Frage nicht einmal aufblickte, sondern weiterarbeitete und murmelte: „Hier, du siehst es." (N 91)

## Für andere leben

Wie können wir Jesu Lehre heute umsetzen? Das fragten sich schon die frühen Mönche. Und sie kamen auf originelle Ideen, wie der tiefere Sinn eines Bibelverses verstanden werden kann. Jesus sagt zum Beispiel: „Es gibt keine größere Liebe, als wenn einer sein Leben für seine Freunde hingibt" (Johannes 15,13). Wir können einwenden: Ich habe wohl kaum die Gelegenheit, mein Leben für jemanden anderen so aufs Spiel zu setzen. Auch für die Mönche in der Wüste war das nicht im wörtlichen Sinn verlangt; der christliche Glaube war mittlerweile nicht mehr verboten, Märtyrer gehörten der Vergangenheit an. Doch sie wollten ein anderes Martyrium, ein echtes Zeugnis ihres Glaubens geben.

Und so findet Altvater Poimen in Jesu Wort einen tieferen Sinn, der auch für uns heute aktuell ist. Sein Leben für den Nächsten hingeben bedeutet: Jemand beleidigt dich und du kämpfst darum, ihn nicht auch zu beleidigen. Oder jemand übervorteilt dich und du erträgst es und zahlst es ihm nicht heim. Poimen meint: „Dann hast du dein Leben für den Nächsten hingegeben!"   (AP 690)

## Sterben, um zu leben

„Denk an deinen Todestag!" – „Halte dir den Tod täglich vor Augen, dann wirst du nicht sündigen." – „Altvater Arsenios hatte seine Sterbestunde immer präsent." Tod und Sterben nehmen für die frühen Mönche einen wichtigen Stellenwert ein.

Das liegt heute nicht gerade im Trend. Wir verdrängen den Tod, gerade den eigenen. Geht es nicht in unserer Welt vor allem um Fortschritt und Steigerung? Wir sträuben uns, wenn uns von außen Grenzen gesetzt sind.

Die Wüstenväter waren dagegen überzeugt: Den Tod brauchen wir für die Kunst des Lebens! Der Gedanke an den Tod führt die Mönche zu einer Leichtigkeit des Seins. Von einigen ist zwar überliefert, dass sie Angst vor dem Sterben hatten. Aber sie haben mit dem Tod gerechnet – täglich.

Ein Altvater fragt einen anderen: „Warum bist du nie entmutigt?" Er antwortet: „Weil ich jeden Tag damit rechne zu sterben."

Machen Sie einmal folgende Übung: Stellen Sie sich vor, Sie würden sterben. Welcher Blick fiele da auf Ihre Pläne und Ziele, auf Ihr Tun und Leben?

Diese Perspektive hilft mir, zielstrebig und gelassen ans Werk zu gehen. Manches verblasst, was mir sonst wichtig erscheint – etwa: Was denken die anderen von mir? Mein nahender Tod führt mir drastisch vor Augen, wer ich eigentlich bin und was meine Aufgabe ist. (AP 227, AP 230, AP 308)

## Der Mönch und die Prostituierte

Die Wüstenväter faszinierten die Menschen im damaligen Ägypten, aber ihre radikale Lebensweise befremdete auch. Von Altvater Ephraim hieß es, er würde vorbildlich als Mönch leben und könne sich immer beherrschen. Seine Schüler behaupteten: „Wir haben noch nie erlebt, dass er aus der Fassung geriet!" Einige Leute trachteten nun danach, ihn bloßzustellen. Sie dachten: „Wenn wir ihm eine Frau schicken, die ihn verführen soll, wird er entweder schwach oder sehr zornig!" So bezahlten sie eine Prostituierte und gaben ihr den Auftrag: „Geh zu dem heiligen Mann in die Einsiedelei!" Das tat sie auch; er aber begegnete ihr freundlich und führte sie auf den Marktplatz. Dort sagte er zu ihr: „Tue hier, was du vorhast." Sie sah jedoch auf die Menge ringsumher und antwortete: „Wie können wir das tun, wo so viele Menschen herumstehen? Wir müssen uns doch schämen!" Da sagte der Mönch Ephraim: „Wenn wir uns schon vor den Menschen schämen, wie viel mehr müssen wir uns vor Gott schämen, der auch das im Dunkeln Verborgene sieht und ans Licht bringt" (vgl. 1 Korinther 4,5). Da wandte sich die Frau beschämt ab und ging weg.

Und die, die Altvater Ephraim bloßstellen wollten, haben sich selber bloßgestellt. (vgl. AP 215)

## Die Frau im Fass

Meine Lieblingsgeschichte bei den Wüstenvätern handelt von einem Mönch, einer Frau und dem Bischof. Ich kann sie nicht oft genug lesen oder erzählen: Die einzelnen Szenen bleiben ebenso hängen wie die tiefsinnige Pointe.

Bischof Ammonas, ein berühmter Mönch und geistlicher Vater, saß einmal in einem Dorf und aß. Dieses Detail wurde in der 1600 Jahre alten Geschichte sicher bewusst überliefert und entlockt uns das erste Lächeln: Ein Bischof, wahrscheinlich nicht gerade schlank, ist zum Essen eingeladen, doch er muss das Mahl unterbrechen. Ein Einsiedler mit schlechtem Ruf bekommt wieder einmal Besuch von einer Frau. Die Dorfbewohner nehmen Anstoß daran und sehen nun eine günstige Gelegenheit, mit der Autorität des Bischofs den Einsiedler aufzudecken. Sie rotten sich zusammen und fordern den Bischof auf, mit ihnen zu kommen.

Ich stelle mir die seltsame Prozession vor: voran die Scharfmacher, vielleicht mit Mistgabeln bewaffnet, unter ihnen der verdutzte Bischof, die Serviette noch um den Hals. Der Einsiedler sieht sie schon von weitem kommen. Wir befinden uns ja in der Wüste, wo auf den Hügeln um die Dörfer keine höheren Pflanzen wachsen. Dies bringt den Mönch und die Frau aber auch in ein Dilemma: Sie kann nicht einfach aus der Einsiedelei fliehen, ohne von der Meute gesehen zu werden.

Wo aber soll sie sich verstecken? Da ist ja ein Fass, hoffentlich bleibt sie unentdeckt, wenn sie sich hier verbirgt. Der Mönch mit dem schlechten Ruf schließt mit Herzklopfen das Fass und erwartet die ungebetenen Besucher. Als Bischof Ammonas die Einsiedelei betritt, erkennt er sofort die Lage. Er setzt sich auf das Fass und ordnet eine Durchuntersuchung an. Wieder dürfen wir uns die Situation ausmalen: Der beleibte Bischof, wie er auf dem großen Fass sitzt und mit scheinbar strenger Miene die Hausdurchsuchung beaufsichtigt, drinnen im Fass die zitternde Frau, abseits der Einsiedler, den sein schlechtes Gewissen plagt.

Die Dorfbewohner haben die ganze Einsiedelei auf den Kopf gestellt, doch eine Frau fanden sie nicht. Da erhob der Bischof den Zeigefinger und mahnte sie: „Was soll denn das? Gott möge euch vergeben, dass ihr den Bruder verleumdet habt!" Er ließ ein Gebet verrichten und alle hinausgehen. Dann kletterte er wieder vom Fass herunter, nahm den verängstigten Bruder bei der Hand und schaute ihm ernst und doch voll Liebe in die Augen: „Gib auf dich acht, Bruder!" Nach diesen Worten ging er weg.

Streng genommen hat der Bischof gelogen. Doch uns berührt die Geschichte, weil wir ahnen können, wie sein Verhalten auf den Mönch mit dem schlechten Ruf wirkte, den der Bischof übrigens zwei Mal als Bruder bezeichnete. Wir können uns auch vorstellen, wie dankbar ihm die Frau war, dass er sie nicht den nach Skandalgeschichten heischenden Blicken der Menge ausgesetzt hat.

Ich habe mir schon öfters die Frage gestellt, wie diese Begebenheit überhaupt ans Licht kam. Bischof Ammonas wird sie nicht erzählt haben, die Dorfbewohner waren beschämt und blieben uninformiert. Es war wohl der Einsiedler oder die Frau selbst, die weitererzählt haben, wie sie der Bischof nicht bloßstellen, sondern zur Umkehr bewegen wollte. Und wir erkennen einmal mehr in den Geschichten der Wüstenväter eine

Ähnlichkeit zum Verhalten Jesu, der die Ehebrecherin vor der Steinigung durch die selbstgerechten Schriftgelehrten gerettet hatte, dann zu ihr hinging und sagte: „Geh und sündige von jetzt an nicht mehr!" (Johannes 8,1–11)    (AP 122)

# 6.
# Woher die Freiheit kommt

## Unabhängig werden

Die Wüstenväter stellten Gott über alles und richten sich radikal auf ihn hin aus. Darum stehen sie unserem Drang nach Selbstverwirklichung scheinbar entgegen. Doch ihre Haltung kann ein Anlass sein, vermeintliche Freiheitsversprechungen in Frage zu stellen und nach der wahren Freiheit Ausschau zu halten. So sagt Altvater Isidor provokant: „Von allen Einstellungen ist besonders diese gefährlich: Seinem Herzen zu folgen, das heißt seinem eigenen Denken und nicht dem Gesetz Gottes."

Dem eigenen Herzen nicht zu folgen, das klingt in unserer Ich-zentrierten Zeit nach Unfreiheit und Selbstaufgabe. Wir müssen die alten Mönche richtig verstehen: Freiheit besteht für sie darin, sich von den eigenen Einbildungen zu lösen. Die Erwartung an mich selbst, immer beliebt und erfolgreich sein zu müssen, lädt mir z. B. eine große Last auf, die mich überfordert.

Letztlich erlangen wir unsere Freiheit nur in Gott. Deshalb wollen die Mönche nicht dem Eigenwillen, sondern den Geboten Gottes folgen. Sie wussten: Nur wer über sich selbst hinauswächst und von einer anderen Macht ergriffen wird, ist wirklich frei. Sich von dem getragen zu fühlen, der das Universum und jeden einzelnen Menschen schuf, führt zu einer neuen Sicherheit und Unabhängigkeit für das irdische Leben. (AP 365)

## Nicht überall dabei sein

Oft überraschen die Wüstenväter ihre Besucher mit einer unerwarteten Antwort.

Da kommen einmal drei Besucher zu Altvater Sisoes. Sie erzählen, was in den Dörfern gerade gesprochen wird und was sie beschäftigt. Welche Meinung hat der berühmte Einsiedler dazu? So berichtet der erste von einem Gerücht; Sisoes schweigt. Der zweite redet über eine Naturkatastrophe in einem fernen Land; auch dazu will der Mönch nichts sagen. Der dritte erzählt, was er gerade auf dem Weg zur Einsiedelei gesehen hat. Die drei fragen Sisoes: „Vater, was meinst du dazu?" Der Altvater antwortet: „Ich denke nicht an all diese Dinge und kann dazu nichts sagen."

Diese Antwort hat offensichtlich ihre Wirkung nicht verfehlt. Sonst hätten die drei Besucher ihre Begegnung mit dem Altvater nicht weitererzählt. Sie ist auch lehrreich für mich: Politik, Wirtschaft, Skandale, Belangloses – überall will ich informiert sein und Gescheites dazu sagen. Sisoes hilft mir, mich auf das Wesentliche zu konzentrieren: Wer bin ich eigentlich – und was ist von mir in meiner eigenen kleinen Welt gefordert? Und ich nehme mir vor, es öfters so zu machen wie Altvater Sisoes: Was ich höre und sehe, darf an mir oft auch vorübergehen. Ich brauche an so viele Dinge nicht weiter zu denken und muss nicht überall dabei sein und mitreden. (vgl. AP 822)

## Der Dieb

Die frühen Mönche Ägyptens lebten nicht in einer heilen Welt. Aber sie verstanden es, selbst aus schwierigen Situationen Nutzen zu ziehen. Zum Beispiel erzählte man von Altvater Ares, wie er gewissenhaft seiner Arbeit nachging. Die Matten und Körbe, die er herstellte, verkaufte er jeden Tag im nahen Dorf. Als er zurückkam, legte er das Geld in eine Schachtel und holte Wasser in einem großen Krug von weit her. Währenddessen kam ein anderer Mönch aus der Nähe, brach in seine Einsiedelei ein und stahl das Geld. Jeden Tag.

Altvater Ares hatte anfangs das Geld versteckt, doch nach einiger Zeit wollte er es dem

Dieb leichter machen. Er sagte sich: „Der Bruder soll sich nicht zu viel abmühen und meine Zelle durchsuchen müssen." So ging es drei Jahre lang.

Altvater Ares musste wegen der Diebstähle noch härter arbeiten und bescheidener leben. Da wurde der Räuber schwer krank, ließ den Altvater holen und gestand ihm den täglichen Diebstahl und bat um Verzeihung.

Die Reaktion des Einsiedlers ist faszinierend: „Drei Jahre hast du gebraucht, um mir deine schlechten Taten einzugestehen. Aber hab keine Angst!" Und er beugte sich zum kranken Bruder nieder, der ihm das Leben so schwer gemacht hatte, küsste seine Füße und Hände und sagte zu ihm: „Der Herr segne diese Hände und Füße, weil sie mir geholfen haben, ein echter Mönch zu werden." Als der Bruder starb, begrub ihn Altvater Ares. (vgl. EthColl 13,80)

## Wer bin ich?

„Wie werde ich Mönch?" Jemand stellte dem berühmten Einsiedler Joseph einmal diese Frage. Seine Sehnsucht nach „mehr" trieb ihn durch die Wüste zu diesem Altvater. Er erwartete eine Antwort, weil ihn die Lebensweise der Mönche in der Wüste faszinierte.

„Wie du Mönch werden kannst? Durch zwei Dinge: Sprich immer wieder ‚Ich – wer bin ich?' Und richte niemanden!" Die Suche nach dem vollkommenen Leben wirft den Fragenden also auf sich zurück: Er soll sich zuerst einmal selber fragen: Wer bin ich eigentlich? Was trägt mich – und wer soll ich werden? Die Frage „Ich – wer bin ich?" bedeutet auch eine Relativierung: Nehme ich mich selbst nicht zu wichtig? Setze ich mich nicht unter Druck, weil ich zu viel aus mir selber machen will?

Altvater Josephs zweite Weisung ist: „Richte nicht!" Denn wer ständig im Stillen andere verurteilt oder gar schlecht über sie redet, der bringt sich selbst um die Chance der realistischen Selbsteinschätzung. Wenn ich die anderen erniedrige, um selbst groß zu werden, brauche ich ja nicht mehr an mir zu arbeiten. Ich habe immer recht und kann mich in meiner Selbstgefälligkeit sonnen. Darum will Altvater Joseph, dass jeder sich die Frage stellt: „Ich – wer bin ich eigentlich?"

(vgl. AP 385)

## Rat für einen Perfektionisten

„Vater, was soll ich da tun? Ich sehe eine Aufgabe vor mir und kann sie nicht erfüllen!" Mir geht es wie diesem Mann, der bei Altvater Mose in der Wüste Hilfe suchte: Auch ich sehe Aufgaben vor mir, aber irgendetwas hindert mich daran, sie endlich anzugehen. So bin ich gespannt, was der Mönch antwortet. – „Wenn du nicht wie ein Toter wirst, kannst du deine Aufgabe nicht bewältigen!"

Der Ratsuchende war wohl über diese Antwort verdutzt. Mir kommt sie etwas makaber vor. Aber so wie er beim Rückweg durch die Wüste langsam auf den tieferen Sinn gekommen sein dürfte, dämmert auch mir langsam ein Licht: Meine Vorsätze und Vorhaben bewältige ich oft nicht, weil ich alles perfekt machen möchte. Ich fürchte, den fremden und eigenen Ansprüchen nicht zu genügen. Ein Toter ist dagegen frei; Ehrgeiz, Eitelkeit und Angst sind ihm fremd. Ein drastisches, aber einprägsames Bild: „Werde ein Toter! Lasse dich durch nichts und niemanden drausbringen oder manipulieren." Mit dieser Haltung kann ich mich in aller Freiheit dem widmen, was ich zu tun habe.

Ich glaube, diese Weisung aus der Wüste kann helfen für so manche Aufgabe, die vor mir steht:

Vergegenwärtige dir deinen eigenen Tod. Kümmere dich nicht um die Meinungen und Erwartungen der anderen. Lebe zuweilen so, als würdest du schon im Grab liegen. (vgl. AP 1016)

## Anleitung für die Schwachen

Durch die Geschichten und Sprüche der Wüstenväter können wir unser Leben überdenken. Freilich, es soll nicht darum gehen, die frühen Mönche Ägyptens zu idealisieren; dagegen wehren sie sich selbst.

Ein Bruder ging zum Altvater Matoe: „Wenn ich unter den Menschen bin, dann kann ich meine Zunge nicht beherrschen. Was soll ich tun?" Der Einsiedler antwortete ihm: „Wenn du dich nicht zurückhalten kannst, dann fliehe in die Einsamkeit. Denn es handelt sich dabei um eine Schwäche. Die Starken sind es, die unter die Menschen gehen."

Wer sich zurückzieht oder gar in die Wüste geht, ist also kein Held, nicht schon alleine deshalb ein Asket und Heiliger. Vielmehr braucht er die Stille und die Distanz zu sich selbst. Ein anderer Einsiedler sagt: „Wenn du in der Wüste weilst, bilde dir nicht ein, dass du etwas Großes tust. Sondern halte dich für einen Hund, den man angebunden hat, damit er nicht beißt und die Menschen belästigt."

Eine neue Sicht meines Lebens als Benediktinermönch wird mir da eröffnet: Ich bin Gott nicht näher, weil ich ins Kloster gegangen bin. Sondern ich brauche die Tagesstruktur, die Gemeinschaft, die Regeln, um mein Leben ständig auf Gott auszurichten. Weil ich schwach und leicht abzulenken bin, suche ich den Rückzug und die Wüstenzeiten. So wie die alten Mönche.

(vgl. AP 525)

## Nur Gott und ich

„Ich allein – und Gott – sind in der Welt." Als ich diese Worte das erste Mal bei den Wüstenvätern las, war ich verwundert. Was – nur ich und Gott? Gott begegnet uns doch auch im Mitmenschen! Langsam begriff ich allerdings den tieferen Sinn dieses Spruchs von Altvater Alonios: „Wenn ein Mensch nicht dahin gelangt, dass er in seinem Herzen spricht: ‚Ich allein und Gott sind in der Welt', dann wird er keine Ruhe finden."

Diese alte Weisung finde ich sehr aktuell. Sie will ja nicht die einzige Wegweisung sein. Grundlegend sind immer die Gebote Gottes, die Lebensweise und Verkündigung Jesu, die vielen Vorbilder aller Zeiten. Altvater Alonios möchte uns nicht zu Egoisten erziehen, sondern nur eine Dimension betonen, die sonst leicht unter den Tisch gekehrt wird: die radikale Verwiesenheit auf Gott!

Altvater Alonios sagt mir, wie ich den inneren Frieden finden kann: Blende einmal die anderen aus – deine Mitmenschen, die Dinge, die dich bestimmen, deine Beschäftigungen, die dich nicht zur Ruhe kommen lassen. Trenne dich in der Vorstellung von allem, was dich bindet. Letztlich bist du allein mit Gott, nur ihm verantwortlich.

Der Spruch von Alonios will mich von meinen Anhänglichkeiten und Abhängigkeiten befreien. Es wird ja auch die Zeit kommen, in der mir alles in der Welt genommen wird und ich nur noch Gott habe, der mir wieder alles geben kann. „Ich allein und Gott." (AP 144)

# 7.
# Zu Besuch bei Antonius dem Einsiedler

## Abbild Gottes werden

Im Jänner 356 stirbt ein alter Eremit auf einem abgelegenen Berg in der Wüste zwischen dem Nil und dem Roten Meer. Bereits zu Lebzeiten stand er im Ruf der Heiligkeit; „Vater des Mönchtums" wird er später genannt.

Begonnen hat sein asketisches Leben, als er mit 20 Jahren im Gottesdienst die Aufforderung Jesu an den reichen Jüngling hörte: „Geh, verkauf deinen Besitz, gib ihn den Armen ... und komm und folge mir nach!" (Matthäus 19,21). Antonius nahm diesen Satz wörtlich, gab sein ganzes Erbe her und zog sich zurück in die Wüste.

Das Lebensprogramm des Einsiedlers bestand darin, sich ganz von Gott her zu verstehen – und darin die Erfüllung zu finden. Sein Biograph Athanasius von Alexandrien schreibt: „Antonius bemühte sich, der zu werden, als der er vor Gott erscheinen sollte." Die ganze Geschichte der christlichen Spiritualität entfaltet, was am Anfang des Mönchtums erfahren und gelehrt wurde: Wir sind auf der Suche nach dem wahren Leben; die Bilder, die wir von uns selbst oder die andere von uns haben, sind oft Masken. Welche Freiheit, so werden zu dürfen, wie Gott uns will! Unser Schöpfer kennt uns ja besser, als wir uns selbst kennen;

er ist uns also näher, als wir uns selbst nahe sind (Augustinus). Deshalb sagt Dietrich Bonhoeffer: „Allein vor Gott wird der Mensch das, was er ist." Und Lothar Zenetti: „Geh in das Dunkelkämmerlein deines Herzens und entwickle das Bild, das sich Gott von dir gemacht hat." (VA 7)

## Unterwegs bleiben

„Antonius bemühte sich, immer einen neuen Anfang zu machen." Das schreibt Erzbischof Athanasius von Alexandrien in der Mitte des 4. Jahrhunderts. Von den politischen Machthabern ins Exil geschickt, hatte sich Athanasius in den Klöstern Ägyptens versteckt. Dort erzählte man ihm viel vom heiligen Antonius, woraufhin Athanasius das Leben dieses Einsiedlers beschrieb. Wahrscheinlich hat er ihn auch selbst kennen gelernt.

Immer neu anfangen. Hier ist nicht die sinnlose Wiederholung gemeint, wie wir sie aus der Geschichte des Sisyphos kennen: Dem rollt der Stein immer dann wieder vom Berg herab, wenn er unmittelbar vor dem Ziel angelangt war. Nein, für die Mönche war es eine Gabe und eine Fähigkeit, immer wieder anfangen zu können.

Antonius wusste: Neu anfangen heißt, nicht angekommen sein zu müssen, sondern unterwegs sein zu dürfen. Wir brauchen uns und den anderen nicht vorzutäuschen, vollendet und perfekt zu sein. Liegt im Anfang nicht auch für Sie etwas Wesentliches?

Ich verbinde mit dem Anfang, wer ich als Kind und Jugendlicher war und werden wollte; welche Begeisterung mich erfüllte, als ich ins Kloster eintrat; die heurigen Neujahrsvorsätze – Wege zu einem neuen Anfang. Beglückend, wenn ich eine neue Chance bekomme. Und berührend, wenn ein Schuldirektor einem schuldig gewordenen Schüler verspricht: „Das vergessen wir jetzt einfach" – oder mir jemand in der Beichte unter Tränen sagt: „Ich möchte in meiner Ehe neu anfangen!"

(VA 7)

## Vorbilder

Antonius der Einsiedler war und ist für viele ein Vorbild. Viele Mönche folgten ihm in die Wüste, in verschiedenen Ländern, über die Jahrhunderte. Sie wussten über Antonius Bescheid, weil die Lebensbeschreibung des Athanasius von Alexandrien ein Bestseller wurde, die erste Heiligenbiographie. In dieser *Vita Antonii* sagt Athanasius, die bloße Erinnerung an den berühmten Einsiedler sei ein großer Gewinn; es gelte ihm nachzueifern. So wie das Leben wird auch der Glaube vor allem durch Vorbilder vermittelt.

Antonius hatte selbst Vorbilder, wie Athanasius schreibt: Als junger Mann wird er im Elternhaus von einem alten Asketen ins Einsiedlerleben eingeführt, später in der Wüste von einem anderen. Bereits am Anfang des Mönchtums geht es um das lebendige Beispiel. So war das Leben zugleich auch die Lehre des Antonius: „Ich teile euch mit, was ich selbst erfahren habe."

Bemerkenswert finde ich, dass Antonius sich von jedem etwas abschaute: von dem einen die Freundlichkeit, vom anderen die Ruhe, von einem dritten die Wissbegierde.

Ich bin ja versucht, bei den anderen vor allem die negativen Eigenschaften zu sehen und dabei hängen zu bleiben. Antonius aber zeigt mir, wie jeder Mitmensch mein Lehrmeister werden kann: Niemand ist perfekt, aber jeder hat nachahmenswerte Eigenschaften. Und da entdecke ich plötzlich bei dem einen Menschen die Geduld, beim anderen die Ehrlichkeit und bei einem dritten die Hilfsbereitschaft. (VA 3, VA 4, VA 11, VA 16, VA 39)

# Einsiedler unter Menschen

Wie können wir uns das Leben der frühen Mönche vorstellen? Jedenfalls waren sie keineswegs isoliert von ihrer Umwelt. Das sehen wir schon am Anfang, bei Antonius. Dieser Prototyp des Einsiedlers hatte ständig Besucher. Im Jahre 311 ging er während der letzten großen Christenverfolgung in die größte Stadt seines Landes Ägypten, nach Alexandrien. Er wollte den gefangenen Christen beistehen und ihnen bei der Strafarbeit helfen; er begleitete sogar Märtyrer zu ihrer Exekution. Nach der Zulassung des Christentums stand er von seiner Einsiedelei in der Wüste aus in Kontakt mit der halben Welt, sogar von den Söhnen Kaiser Konstantins soll er Briefe erhalten haben.

Antonius wäre nicht der große Heilige geworden, wenn er sich abgeschottet hätte. Er lernte von anderen und stand in ihrem Dienst.

So geht es auch mir als Benediktiner im 21. Jahrhundert. Ausschlaggebend für meine Berufung war ja nicht zufällig der Zivildienst bei Obdachlosen. Jahrelang hatte ich mich nicht durchringen können, ins Kloster zu gehen. Doch die Obdachlosen haben mir die Augen geöffnet: Was willst du eigentlich mit deinem Leben machen? Geht es nur um dich und deine eigenen Pläne?

Was ich im Schweigen erwogen hatte, konnte ich auf der Straße endlich entscheiden: Ich möchte ins Kloster gehen, nicht um aus dieser Welt zu fliehen, sondern um in dieser Welt Gott zu finden – wie Antonius, der Einsiedler.

(VA 13, VA 46, VA 69, VA 81)

## Kampf mit Dämonen

„Die Dämonen schlugen Antonius so heftig, dass er vor Qualen auf dem Boden lag." Ein großer Teil seiner Biographie handelt vom Teufel und den Dämonen, die gegen Antonius den Einsiedler kämpften. Für uns scheinen diese Dämonenkämpfe Relikte einer versunkenen, unaufgeklärten Zeit zu sein – wir sollten aber genauer hinsehen.

Kaum war Antonius in die Einsamkeit gezogen, begann eine erbitterte Auseinandersetzung mit inneren Widerständen und Anfechtungen. Zwar hatte er in der Wüste weniger Ablenkungen; aber der „Kampf mit dem eigenen Herzen" flammte in ihm erst recht auf.

Wir brauchen diese herbe Seite christlicher Spiritualität, damit der Glaube nicht oberflächlich wird und widerstandsfähig bleibt. Öfters klagen mir Menschen, ihnen gehe es schlecht, obwohl sie ihr Leben Gott anvertrauen würden. Dann verweise ich auf die Heiligen, die trotz ihres Glaubens an äußeren Umständen und den eigenen Schwächen litten.

Antonius und die frühen Mönche waren bewusst in die Wüste gegangen, um sich den bösen Mächten zu stellen – auch für die anderen. Sie wussten, dass Christus durch den Kreuzestod den Kampf letztlich schon entschieden hat. Deshalb fanden Archäologen in den Räumen der frühen Wüstenmönche viele Kreuze an den Wänden eingraviert und aufgemalt. Im Zeichen des Kreuzes stellten sie sich dem Kampf mit dem Bösen.

(AP 11; VA 8)

## Askese und Herzensruhe

Antonius ist der berühmteste Wüstenvater. 105 Jahre soll er alt geworden sein. Am 17. Jänner begehen wir den jährlichen Gedenktag dieses ägyptischen Einsiedlers. Warum hatte sein Leben eine solche Wirkung?

Im Geiste der Spätantike verschrieb sich Antonius der Askese: Die Seele solle nicht von den leiblichen Bedürfnissen und Trieben beherrscht werden. Durch hartes Training – griechisch *askesis* – könne sich der Mensch selbst überschreiten.

Das Lebensprojekt der frühen Mönche war, in Abgeschiedenheit Gott zu erfahren. Dazu braucht es die Herzensruhe – griechisch *hesychia* –, um frei zu sein von Abhängigkeiten und Ablenkungen. Von Antonius schreibt Bischof Athanasius: „Er war niemals in Unruhe, seine Seele war voll heiterem Frieden; niemals blickte er finster, da sein Geist sich freute."

Der Weg dahin war mühevoll, aber beglückend; deshalb fand er so viele Nachfolger. Ein erfülltes Leben muss asketisch sein, modern gesprochen: loslassen können. Dann kann einem eine tiefere Wirklichkeit aufgehen. Die oberösterreichische Klarissin Maria Kriegner schreibt: „Vielleicht müssen wir Heutigen, wie nie zuvor, unser selbstmodelliertes Ich abliefern. Mit nichts müssen wir dastehen. Sonst kann uns die Wahrheit nicht beschenken."                (VA 67)

## Getroffen vom Evangelium

„Warum sind Sie ins Kloster gegangen?" Oft wird mir diese Frage gestellt. Firmlinge in einer Pfarre oder Leute, die mir im Zug gegenübersitzen, wollen wissen: „Gab es da ein einschneidendes Erlebnis, dass Sie Mönch wurden?"

„Nein, Jesus ist mir nicht direkt erschienen. Aber meine Sehnsucht zog mich ins Kloster", sage ich dann meistens recht vage. Manchmal erzähle ich auch eine Begebenheit, die sich mir eingeprägt hat: Ich war 27 und besuchte meinen geistlichen Begleiter in seinem Kloster. Wir sprachen wieder über meine Gedanken, Mönch zu werden – und die Widerstände in mir. Er erzählte mir die Geschichte vom reichen Jüngling aus dem Evangelium. An mehr kann ich mich nicht erinnern.

Doch dann bei der Messe in der Kirche geschah es: Ausgerechnet er hatte unter den vielen Priestern an diesem Tag das Evangelium vorzutragen – zufällig die Erzählung vom reichen Jüngling (Markus 10,17–31). Sichtlich berührt las er es vor; wie vom Blitz getroffen hörte ich zu und stellte mir vor, wie der reiche Jüngling vor dem Herrn steht und ihn fragt: „Jesus, was soll ich tun?" Jesus antwortet: „Verkaufe alles, was du hast, dann komm und folge mir nach." Ich spürte: Diese Aufforderung war an mich gerichtet! Und plötzlich war mir klar: Der Reichtum, den ich nicht hergeben wollte, das waren meine vielen Möglichkeiten in der Welt.

Erst im Kloster entdeckte ich, dass genau diese Bibelstelle am Anfang des Mönchtums steht und dem heiligen Antonius den Anstoß gab, in die Wüste auszuwandern. Für mich ein Bild, wie nahe uns die Wüstenväter sind und dass ihre Erfahrungen auch die unseren werden können.

# 8.
# Die Stunde der Einsiedlerinnen

## Asketinnen der Frühzeit und Gegenwart

Die Kirche der ersten Jahrhunderte kannte Asketinnen, die wir der Vergessenheit entreißen sollten. Denn ihre Lebensbeispiele und Lehren bergen gerade für heute große Schätze. Sie waren Vorbilder, Ratgeberinnen, Pionierinnen für ein emanzipiertes Leben, das sich nur Gott gegenüber gehorsam weiß. Da sie ja verborgen bleiben wollten, müssen wir erst nachspüren, wer sie waren und wie sie lebten.

Die Geschichtsschreibung der Antike war Männersache, Frauen wurden nur beiläufig erwähnt. Doch wir wissen von Berichten: Im 4. Jahrhundert gab es im Orient in den Klöstern und Einsiedeleien ebenso viele Frauen wie Männer. Schon in der verfolgten Kirche der ersten Jahrhunderte hatten die sogenannten Jungfrauen eine wichtige Rolle gespielt; sie lebten bei ihren Familien oder als Untermieterinnen in Armut und Keuschheit.

Das erinnert mich an unsere heutige Situation: In Österreich, Deutschland oder Frankreich gibt es mehr von der Kirche registrierte Eremitinnen als Eremiten. Sie leben im Wald, in einem alten Pfarrhaus, anonym mitten in einem armen Stadtviertel. Und ich lerne immer mehr junge Frauen kennen, die auf Distanz zur Konsumwelt gehen und alleine ein intensives religiöses Leben führen: Sie haben normale Berufe und sind keinem herkömmlichen Orden beigetreten. Sie verschreiben sich ganz unauffällig dem Gebet und der Hingabe an den Nächsten – so wie die Jungfrauen der frühen Kirche.

## Überwundene Bedrängnisse

Die frühchristlichen Asketinnen trugen dunkle Kleidung, hatten meist durch einen Schleier ihr geschorenes Haupt verdeckt und lernten von einer geistlichen Mutter, wie sie von ihrer Hände Arbeit leben und alles auf Gott ausrichten konnten. In der Konzentration auf ihre innere Welt wollten sie zwar nicht anders als die Mönche leben; und doch sprechen sie eine eigene Sprache.

Die sogenannten Wüstenmütter verwenden z. B. gerne Bilder aus der Natur. Amma Theodora sagte: „Es ergeht uns wie den Bäumen. Wenn sie nicht Unwetter und Regengüsse über sich ergehen lassen, gedeihen sie nicht und tragen keine Frucht. Auch in unserer Zeit geschehen viele Unwetter, denen wir ausgesetzt sind. Aber nur durch

Bedrängnisse und Anfechtungen werden wir Erben des Himmelreichs."

Die Asketin verschränkt hier Naturbeobachtung und eigene Erfahrung. Wenn die Pflanzen nur Schönwetter hätten, würden sie bald eingehen. Erst die Regengüsse machen sie stark und lebendig. So ist es auch bei uns: Durch Schwierigkeiten und Bedrängnisse wachsen wir über uns hinaus. Wir wünschen uns zu Recht ein leichtes, problemfreies Leben. Doch Mutter Theodora erinnert uns daran: Große Dinge im Leben und die Gemeinschaft mit Gott erfordern viel Mühe und Ausdauer. (vgl. AP 310)

## Nicht davonlaufen

Ein Ratsuchender kommt zur heiligen Theodora in die Wüste. Die Einsiedlerin merkt, dass er am liebsten vor sich und seinen Problemen davonlaufen würde. Deshalb erzählt sie dem Besucher diese Geschichte: Es war ein Mönch, der wegen vieler Versuchungen sagte: „Ich gehe von hier weg!" Als er seine Sandalen anlegen wollte, sah er den Teufel, der ebenfalls gerade seine Sandalen anlegte und zum Mönch sagt: „Du gehst doch nicht meinetwegen fort? Siehe, ich bleibe dir auf den Fersen, wohin immer du auch gehst."

Wir glauben oft, woanders ginge es uns besser. In Wirklichkeit nehmen wir uns selbst und unsere Probleme nur mit. Bloß das Umfeld zu ändern bedeutet noch nicht, dass wir andere Menschen werden.

Manchmal ist es natürlich unausweichlich und befreiend, wegzugehen und nach dem Bruch mit der Vergangenheit zu versuchen, neu zu beginnen. Meistens bewirkt aber ein Ortswechsel nicht die erhoffte Besserung. Vor allem bringt man sich um die Chance, an den Widerständen zu wachsen und aus Schwierigkeiten zu lernen.

Die Nonnen und Mönche der Wüste haben erfahren: die Hinwendung zum Guten ist vor allem eine innere Angelegenheit. Es geht um die Erneuerung des eigenen Geistes, um die Veränderung des eigenen Denkens und Handelns.   (vgl. AP 315)

## Mutter Synkletika

Frauen waren auch in der Anfangszeit des Christentums einflussreicher, als es uns die spärlichen Quellen vermuten lassen. Ein Blick auf Kirchenkalender, Inschriften und Lebensbeschreibungen der Heiligen zeigt uns, wie sehr gerade asketisch lebende Frauen die ersten Jahrhunderte geprägt haben.

Eine der berühmtesten von ihnen war Mutter Synkletika. Ihre Weisheiten stehen in den Spruchsammlungen der ägyptischen Wüste gleichberechtigt neben denen der großen Mönche. Eine Beschreibung ihres Lebens aus dem 5. Jahrhundert war weit verbreitet und ist der Vita des heiligen Antonius in vielem ähnlich.

Besucher fragten sie einmal: „Was sollen wir tun?" Synkletika antwortete: „Sammle dir einen Schatz an geistlicher Nahrung, solange du kannst, damit du, wenn du nicht mehr kannst, Erquickung findest." Gegen den exzessiven Lebensstil vieler Ägypter ihrer Zeit fordert sie vom Besucher Verzicht; gegen philosophische Fanatiker betont sie aber das gesunde Maß. Den Alltag geduldig zu meistern ist schon Herausforderung genug: „In Krankheiten tapfer aushalten und Dankhymnen zu Gott emporsenden", rät sie einem Mönch, einer Frau legt sie ans Herz: „Sei geduldig mit anderen Menschen." Und schließlich der Rat: „Beobachte aufmerksam die Regungen deiner Seele."

(AP 906; Vita 17, Vita 64, Vita 99)

## Bewahre deine Zunge!

„Die Wüste fing an zu blühen, getränkt von den Tränen und vom Schweiß der asketisch lebenden Frauen und Männer." So beschreiben Schriftsteller des 5. Jahrhunderts die frühe mönchische Bewegung Ägyptens, in der Frauen eine wesentliche Rolle spielten. Manche Asketinnen verkleideten sich sogar als Männer, um tief in die Wüste eindringen und dort unbehelligt von Räubern und geflohenen Verbrechern leben zu können.

„Wir befinden uns auf dieser Erde wie im Mutterschoß, um für das himmlische Leben geboren zu werden", sagt die heilige Synkletika. Sie und andere Frauen gaben ihr bürgerliches Leben auf. Wer sich selbst neu finden und zu Gott aufbrechen will, muss die Stille suchen und das Schweigen üben. Stille und Schweigen sind die häufigsten Worte, die ich in den Aufzeichnungen über die frühen Asketinnen gefunden habe.

Darin liegt vielleicht auch ihre wichtigste Botschaft für heute. Und so habe ich zwei weitere Sprüche von frühen Asketinnen ausgewählt, die uns zu denken geben können: „Unsere Zunge kann Gutes vollbringen und Gott loben. Es geht nicht an, sie durch unanständige Reden zu beflecken." Sowie: „Bewahre das Stillschweigen! Denn das Gehör und die Zunge sind die Türen deines Herzens und deiner Seele."

## Schwester Nazarena von Rom

Am Nachmittag des 7. Februar 1990 ertönte aus einer abgelegenen Zelle im Kamaldulenserinnenkloster in Rom ein Hilferuf. 44 Jahre lebte hier Schwester Nazarena in völliger Abgeschiedenheit. Nun lag die 83-Jährige im Sterben. Viele ihrer Mitschwestern sahen sie das erste Mal.

Ich habe vor einiger Zeit diese Zelle betreten. Da sah ich das Bett, auf dem sie ohne Matratze schlief, den Tisch, auf dem sie acht Stunden täglich Handarbeit verrichtete, die Matte, auf der sie sich Tag und Nacht zum Gebet niederwarf. Das Essen stellten ihr die Mitschwestern vor die Tür.

1907 in den USA geboren, spürte sie als junges Mädchen: „Ich bin zu etwas anderem berufen." Sie möchte in der Wüste leben wie die frühen Asketinnen. Mit 38 Jahren erhält sie von Papst Pius XII. die Erlaubnis, auf dem römischen Aventin als Reklusin ihr Zimmer niemals zu verlassen. Über ihren Rückzug schrieb Schwester Nazarena: „Mein geistlicher Vater segnete die einsame Zelle und sagte: ‚Ich lasse dich hier allein mit Jesus und den Engeln.' Er trat in den Gang zurück, und die Türe wurde geschlossen. Die Freude, die ich empfand, ist unvorstellbar."

Päpste pilgerten zu ihr; Johannes Paul II. bittet sie vor dem verhängten Sprechgitter ihrer Zellentür: „Beten Sie für die Welt und für die Kirche, beten Sie aber auch für mich." Ihre Mitschwestern erzählen noch heute, dass sie – wie auch die wenigen Besucher – erfahren haben: Wir sind auf einer anderen Weise miteinander verbunden, als wir das normalerweise von menschlichen Kontakten kennen. Sr. Nazarena lässt uns eine Urverbundenheit mit Gott und den Menschen erahnen, die wir ohne die Reklusin vom Aventin nicht erfahren hätten.

## Koptische Schwestern heute

Während meines Studiums faszinierten mich die Erzählungen aus dem alten Mönchtum. Sie nährten in mir den Wunsch, selbst einmal ins Kloster zu gehen. Nach zwölf Jahren als Benediktiner war es mir möglich, die heutigen Wüstenmönche in Ägypten zu besuchen.

In mehreren Männerklöstern hatte unsere kleine benediktinische Reisegruppe eindrucksvolle Kontakte zu koptischen Mönchen, die noch ganz aus dem Geist der alten Wüstenväter leben. Doch der Besuch in einem Frauenkloster machte auf uns den größten Eindruck.

Sie zeigten uns ihre Ikonen-Werkstatt und die Landwirtschaft, durch die sie unter kärglichen Bedingungen der Steppe Früchte abringen. Für das Gebet verwendeten sie fremdartige Instrumente. Beim Abschied stand eine junge Schwester vor mir, deutete energisch mit der Hand nach oben und blickte mit leuchtenden Augen zum Himmel, während sie immer wieder einen arabischen Satz sagte. Ich bat eine Schwester, mir ihre Worte auf Englisch zu übersetzen: „Sie möchte sagen: Wir werden für euch beten!"

Heute ist ein Bild dieses Frauenklosters der Bildschirmschoner meines Computers. Diese koptischen Nonnen erinnern mich daran, wo meine Sehnsucht liegt und dass ein einfaches Leben genügt, um glücklich zu sein.

# 9.
# Die Kunst der
# Selbsterkenntnis

# Der Sinn der Askese

Das Leben der sogenannten Wüstenmütter war hart, fernab von einer Wüstenidylle, wie sie heute vielleicht bei einer Safari im klimatisierten Jeep erlebt wird. Sie mussten der kargen Landschaft mühsam Früchte der Erde abringen und viel arbeiten, um sich auf den Märkten der Dörfer weitere Nahrungsmittel kaufen und auch den armen Menschen Almosen geben zu können. Doch ihr Leben war anziehend. Viele suchten Rat bei den Einsiedlerinnen und Schwestern in den vielen Klöstern am Rande der Wüste. So manche junge oder auch ältere Frau brach ebenfalls aus ihrer Welt aus, um ein neues Leben für Gott zu führen.

Die weisen und erfahrenen Frauen der Wüste wurden Amma genannt. Eine Amme versorgt Kinder einer anderen Frau, damit sie leben können. So sind diese Einsiedlerinnen und Schwestern der frühen Klöster zu geistigen Müttern geworden, die sich um die Seelen der anderen kümmerten. Was sie selbst lebten, wollten sie anderen vermitteln: Askese. Nicht Verzicht um seinetwillen, sondern das Training des inneren Menschen, um sich geistlich weiterzuentwickeln.

So sagt Amma Theodora: „Wir sollten auf uns achtgeben, die irdischen Güter verachten und auf sie so schnell wie möglich verzichten. Man muss den Verstand vor den Verführungen bewahren und alles für Unrat halten, um Christus nicht zu verlieren." Um sich auf Gott konzentrieren zu können und ganz von ihm her zu leben, gingen die Wüstenmütter in Distanz zur irdischen Welt und reduzierten die Speisen und das Reden.

(Meterikon 1)

## Vom Segen des Bleibens

Die äußere Stabilität soll die innere Standhaftigkeit fördern. Deshalb war für die Asketinnen des frühen Christentums grundlegend, sich an einem Ort niederzulassen – auch wenn sie nicht selten Lust hatten, wieder davonzulaufen. Für uns ist heute zu Recht die Mobilität ein hoher Wert, aber ich frage mich: Geben wir nicht zu schnell etwas auf, weil es uns gerade nicht behagt? Eine Benediktinerin sagte zu mir, als wir kürzlich über unsere unstete Zeit mit den vielen Ortsänderungen und der Auflösung lebenslanger Versprechen redeten: „Ich habe oft schon erlebt, dass Bleiben manchmal die viel größere Herausforderung ist, als einfach zu gehen, aber dass ich daran auch immer gewachsen bin."

Natürlich muss man etwas verändern oder gar aufgeben, wenn es wirklich nicht mehr geht. Aber die Warnung von Mutter Synkletika aus der ägyptischen Wüste des 4. Jahrhunderts ist eine Anfrage an unsere Zeit: „Wenn der Mönch oder die Jungfrau von Ort zu Ort wandern, erkalten sie und ersterben im Glauben."

Die Wüstenmütter verwenden gerne Bilder aus der Natur, sie haben ein besonderes Gespür für das Leben. So untermauert Synkletika ihren Rat zur Beständigkeit mit diesem Vergleich: „Wenn eine Vogelmutter von den Eiern aufsteht, dann werden sie unfruchtbar. So ändere auch du deinen Aufenthalt nicht, wenn du dich niedergelassen hast. Denn du würdest davon großen Schaden nehmen." (vgl. AP 897)

## Der Kampf gegen Ablenkungen

Mutter Sara ist für mich ein Beispiel der absoluten Konzentration. Sie beeindruckte ihre Gefährtinnen und so manchen Besucher offenbar dadurch, dass sie sich nicht ablenken ließ. So heißt es in einer Spruchsammlung: „Amma Sara blieb beim Fluss 60 Jahre wohnen, aber sie beugte sich nicht vor, ihn zu sehen." Der Nil steht hier für das hektische Treiben und für die Versuchungen, sich von Ereignissen fortreißen zu lassen. Doch dem einmal erwählten Ort blieb sie treu; obwohl sie dem Fluss mit seinen vielen Ablenkungen und Möglichkeiten so nahe war, blieb sie standhaft.

Selbstbeherrschung erwies sie auch im jahrelangen Kampf gegen die Unreinheit, griechisch: *porneia*. Sie habe nicht gegen die unreinen Gedanken gebetet, sondern nur fortwährend gesagt: „O Gott, gib mir Kraft." Als die Versuchungen nachließen und sich ihr der Dämon geschlagen zeigte, sagte sie: „Nicht ich habe dich besiegt, sondern mein Herr Christus."

Weil Mutter Sara im geistlichen Leben voranschritt, sah sie die Gefahr, sich über andere zu erheben. Sie half sich so ab: „Wenn ich meinen Fuß auf die Leiter setze, um hinaufzusteigen, dann halte ich mir den Tod vor Augen." Der heilige Benedikt wird sich über hundert Jahre später diese Worte zu eigen machen und den Mönchen in seiner Ordensregel empfehlen: „Den unberechenbaren Tod täglich vor Augen haben." (RB 4,47)

(AP 886)

## Selbstverantwortung

Wie kann ich mein Denken und Handeln verändern? Diese Frage stellten bereits die frühchristlichen Asketinnen. Heute wissen wir, dass genetische Veranlagungen und gesellschaftliche Rahmenbedingungen viel zu dem beitragen, wer wir geworden sind. Ich glaube aber, die Wüstenmütter würden uns davor warnen, alles nur als vorherbestimmt zu sehen. Wir haben die Freiheit, unser Leben selbst in die Hand zu nehmen!

Ich bin für mich selbst verantwortlich – und Gott hilft mir in meinem Kampf. Davon waren jene Frauen überzeugt, die aus ihrer männerdominierten Kultur ausbrachen und auf Augenhöhe mit den Mönchen eine neue Welt des Glaubens schufen. Sie fühlten sich nicht familiären Zwängen oder gesellschaftlichen Konventionen verpflichtet, sondern einer anderen Wahrheit, für die sie alles zu geben bereit waren.

Die Wüstenmütter rufen dazu auf, dem Zeitgeist zu widerstehen. Wie schwer das auch heute ist, erlebe ich schon in der Schule: Weicht jemand in der Klasse vom Verhalten der anderen ab, wird er ein Außenseiter. Die Wüstenmütter waren solche „Abweichlerinnen". Ihr erprobtes Gegenmittel lag in der Konzentration des Geistes und in der Beherrschung des Körpers. Sie prägten damit eine Alternativkultur, die viele faszinierte und zur Nachahmung trieb. Ein moderner Spruch könnte ihr Anliegen nicht präziser formulieren: „Alle werden als Originale geboren, die meisten sterben als Kopie."

## Selbstdistanz

Wie kann man schlechte Gewohnheiten verändern? Mutter Theodora hatte eine Methode: Sie redet zu sich selbst! Nicht im Sinne eines krankhaften Selbstgesprächs. Sondern ganz bewusst, um zu sich selbst in Distanz zu gehen: „Wehe dir, mein Körper, dass du immer noch danach verlangst, dich zu überfressen und deine Zunge nicht zu zähmen! Wehe dir, meine Seele: Denn Tag für Tag versprichst du Gott: ‚Morgen bereue ich.' Dabei weißt du doch gar nicht, ob du diese Nacht überleben wirst! Wehe dir, meine Seele, Gott wollte dich so viele Male bekehren und sich deiner erbarmen; du aber fuhrst fort, ihm zuwiderzuhandeln."

Ich merke im Gespräch mit Menschen oft, dass jene auf einem guten Weg sind, die zu sich in Distanz gehen, gleichsam sich selbst von außen anschauen können. Die anderen dagegen sind Gefangene ihrer selbst – und merken meist gar nicht, wie sehr sie sich selbst im Weg stehen. Theodora konnte sich in Frage stellen: „Wie viele Male tröstete dich Gott in der Stille, du aber empfandst diese Stille als lästig! Wie viele Male stärkte er dich, du aber verfielst wieder in Trägheit!"

Indem sie mit sich zu Rate ging, versteinerte sie nicht, sondern blieb dynamisch und bereit für einen Neuanfang. Der 1500 Jahre alte Text drückt das so aus: „Durch diese Sichtweise bewegte die selige Theodora immer ihre Seele."

## Selbsterkenntnis

„Wir segeln im Dunkeln. Unser Leben gleicht einem Meer." Was hier in der Lebensbeschreibung über Mutter Synkletika überliefert ist, hat nicht nur große poetische Kraft, sondern einen tiefen Wahrheitsgehalt: Unser Leben ist ein Geheimnis, das wir nur ansatzweise verstehen. Wie können wir es also gestalten?

Die frühchristlichen „Athletinnen Gottes" haben ihre Familie verlassen und sich an den Rand der Zivilisation zurückgezogen: Sie wollten frei sein für

Gott. Bald aber merkte jede einzelne, dass dies eine ständige Herausforderung bleibt und der Kampf mit sich selbst der schwierigste ist. Die Demut nimmt in ihren Aussprüchen eine zentrale Rolle ein. Mit ihr verbunden: sich vor Geschwätz hüten!

Mutter Synkletika sieht jemanden in Gefahr, der meint, anderen überlegen zu sein. Dankbar sein für Talente und Gaben ist zwar geboten. Doch Überheblichkeit verhindert den rechten Blick auf sich selbst und die anderen. Deshalb rät Synkletika: „Die von ihren Erfolgen sprechen, sollten in gleicher Weise von ihren Fehlern reden."

Amma Synkletika übersteigt schließlich die enge Sicht auf sich selbst, ob im Positiven oder Negativen. In diesem Sinn rät der heilige Benedikt in seiner Regel: „Fest überzeugt sein, dass Gott überall auf uns schaut" (RB 4,49). Das ermöglicht dann auch echte Selbsterkenntnis.

(Vita 38, Vita 47)

## Die Kraft des Gebetes

„Kämpferinnen vor Gott" – so könnten wir die starken Frauen in der ägyptischen Wüste des 4. und 5. Jahrhunderts bezeichnen. Sie zeigen uns:

Ein Leben mit Gott und für die anderen fordert eine tägliche Auseinandersetzung – vor allem mit sich selbst. Und wo fanden sie Zuflucht, wenn sie erschöpft waren, Versuchungen zu bestehen hatten oder ihnen das Zusammenleben mit gleichgesinnten Schwestern echte Schwierigkeiten bereitete? Im Gebet!

Ja, die sogenannten Wüstenmütter waren vor allem Frauen des Gebetes. In den 1600 Jahre alten Zeugnissen lesen wir, dass sie gerne Zuflucht bei Maria, der Mutter Gottes, nahmen. Da betete eine etwa: „Jungfrau, Gebieterin, die du Gottes Wort [Jesus] dem Körper nach geboren hast: Komm mir zu Hilfe, denn ich fühle mich elend und verlassen. Eile herbei, mir zu helfen. Führe mich auf meinem Weg."

Wir Benediktinermönche rufen auch seit Jahrhunderten am Ende der letzten Gebetszeit eines Tages, der Komplet, Maria an, z. B. wenn wir das Salve Regina im gregorianischen Choral singen. Die Päpste bitten die Gottesmutter am Ende ihrer Lehrschreiben gerne um Fürsprache.

Jene Frau, die Jesus der Welt geboren hat, könnte auch auf unserem persönlichen Weg eine Verbündete sein – wie für die Wüstenmütter am Anfang des Christentums.

# Quellen und Abkürzungen

Die Texte dieses Buches basieren auf Radiosendungen, die der ORF in den Jahren 2005 bis 2016 ausgestrahlt hat („Gedanken für den Tag" in Österreich 1 und „Morgengedanken" in den österreichischen Regionalradios). Damit jedes Kapitel sieben Beiträge hat, die für jeweils eine Woche zu Betrachtungen verwendet werden können, wurden die fehlenden Sonntagssendungen von Ö1 durch neue Beiträge ergänzt.

Die verwendete Abkürzung „AP" steht für Apophthegmata Patrum, die Aussprüche und Geschichten der frühen Mönche. Es handelt sich um Sentenzen, die aufgezeichnet und über die Jahrhunderte vor allem in Klöstern überliefert und eifrig gelesen wurden. Diese Sinnsprüche der Wüstenväter finden sich auf Deutsch in zwei Ausgaben, aus denen in der vorliegenden Veröffentlichung zitiert wird:

*Weisung der Väter. Apophthegmata Patrum*, auch *Gerontikon* oder *Alphabeticum* genannt. Übersetzt von Bonifaz Miller. Trier: Paulinus ⁴1998. Diese klassische Übersetzung war für Jahrzehnte die Hauptquelle der Literatur über die Wüstenväter für den deutschen Sprachraum. Sie zeichnet sich durch gute Lesbarkeit aus, ist aber oft eine recht freie Übertragung.

*Apophthegmata Patrum.* Übersetzt und kommentiert von Erich Schweitzer. Band I: *Das Alphabetikon – Die alphabetisch-anonyme Reihe*; Band II: *Die Anonyma.* Band III: *Aus frühen Sammlungen.* Beuron: Kunstverlag 2012/2011/2013. Diese neuen Ausgaben orientieren sich stärker am Original und enthalten neben erstmals ins Deutsche übertragenen Texten auch Verweise auf schwer übersetzbare Fachtermini. Die verwendete Abkürzung „N" (Reihe von NAU) findet sich in

Band II. Die verwendete Abkürzung „EthColl" (Collectio monastica scriptores Aethiopici) findet sich in Band III.

Die Aussprüche und Geschichten der frühen Asketinnen finden sich auf Deutsch in dieser Ausgabe: *Meterikon. Die Weisheit der Wüstenmütter*. Herausgegeben und übersetzt von Martirij Bagin und Andreas-Abraham Thiermeyer. Augsburg: Sankt Ulrich 2004.

Die Abkürzung „VA" (7. Kapitel) bezieht sich auf die *Vita Antonii* des heiligen Athanasius. Klassisch ist die Übersetzung von Anton Stegmann in der „Bibliothek der Kirchenväter", Band 41, erschienen in München 1917. Sie ist zur Gänze im Internet abrufbar unter: https://www.unifr.ch/bkv/rtf/bkv10.rtf Angaben zu einer neuen, lange erwarteten historisch-kritischen Ausgabe samt kundiger Einführung findet sich in der folgenden Literaturliste.

Vita der heiligen Synkletika (8. und 9. Kapitel) zitiert nach: Frank, Karl Suso, „*Die Selige Synkletike wurde gefragt.*" *Vita der Amma Synkletike*. Beuron: Kunstverlag 2008.

Die Regel des Heiligen Benedikt (RB) ist zitiert nach: *Die Benediktusregel*. Lateinisch/Deutsch. Herausgegeben im Auftrag der Salzburger Äbtekonferenz. Beuron: Kunstverlag 1992.

# Weiterführende Literatur

Athanasius, *Vita Antonii*. Eingeleitet, übersetzt und kommentiert von Peter Gemeinhardt. Fontes Christiani Band 69. Freiburg: Herder 2018. Griechischer Text mit deutscher Übersetzung; eines der wichtigsten Werke der geistlichen Literatur des Christentums, das für andere Hagiographien wegweisend wurde.

Bamberg, Corona. *Was Menschsein kostet. Aus der Erfahrung frühchristlicher Mönche gedeutet.* Mainz: Matthias Grünewald 2001. In diesem erstmals 1971 publizierten Werk versteht es die 2018 verstorbene Benediktinerin, die frühen Mönche in ihren existentiellen Fragestellungen für heutige Gottsucher zu erschließen.

Ceming, Katharina. *Ab in die Wüste! Mut zur Selbsterkenntnis – den Wüstenvätern abgeschaut.* München: Kösel 2013. Eine gut lesbare und theologisch fundierte Darstellung, die wichtige Einsichten des Wüstenmönchtums für suchende Menschen heute verständlich macht.

Derwahl, Freddy (Hg.). *Weisheiten der Wüstenväter.* Kevelaer: Butzon & Bercker 2018. Eine handliche Auswahl eingängiger Sprüche und Geschichten, die in ihrer Knappheit unmittelbar ansprechen sollen.

Frank, Karl Suso. *Geschichte des christlichen Mönchtums.* Darmstadt: Wissenschaftliche Buchgesellschaft ⁶2010. Ein Klassiker aus dem Jahre 1975, der nichts von seiner Strahlkraft eingebüßt hat und das asketisch-christliche Leben der letzten 2000 Jahre auf unübertroffene Weise darstellt.

Gemeinhardt, Peter. *Antonius, der erste Mönch. Leben – Lehre – Legende.* München: C.H.Beck 2013. Der evangelische Kirchenhistoriker bietet eine einzigartige Darstellung von

Antonius, dem Einsiedler, und zeigt, wie die Quellen über ihn theologisch zu verstehen sind.

Greshake, Gisbert. *Spiritualität der Wüste.* Innsbruck/Wien: Tyrolia 2002. Ein umfassendes Werk, das gekonnt den Bogen von der Wüste in der Bibel, über die Wüstenväter bis hin zu heutigem geistlichen Leben in der Wüste für den Einzelnen und die gesamte Kirche spannt.

Grün, Anselm. *Einreden. Der Umgang mit den Gedanken.* Münsterschwarzach: Vier Türme [22]2011. Ein Glanzstück, wie die Lehre der Wüstenväter für alle zugänglich und fruchtbar gemacht werden kann.

Guillaumont, Antoine. *An den Wurzeln des christlichen Mönchtums.* Übersetzt von Hagia Witzenrath OSB. Reihe Weisungen der Väter, Band 4. Beuron: Kunstverlag 2007. Aufsätze über die konkrete Lebensweise und das geistliche Profil der frühen Mönche abseits von Missinterpretationen, die sich in der Literatur über das Wüstenmönchtum häufig finden.

Harmless, William. *Desert Christians. An Introduction to the Literature of Early Monasticism.* Oxford: University Press [2]2008. Eine umfassende Einführung ins frühe Mönchtum auf 500 Seiten, die ihresgleichen sucht.

Hell, Daniel. *Die Sprache der Seele verstehen. Die Wüstenväter als Therapeuten.* Freiburg: Herder [2]2016. Der Schweizer Psychiater erläutert, wie sehr die ägyptischen Mönche des 4. und 5. Jahrhunderts therapeutisches Wissen aufgenommen hatten, und zeigt, warum ihre Erfahrungen für uns so lehrreich sind.

Lacarrière, Jacques. *Die Gottesnarren. Aus dem Leben der Wüstenväter.* Innsbruck/Wien: Tyrolia 2004. Dieses 1961 unter dem Titel *Les hommes ivres de Dieu* erschienene Werk stammt von einem Agnostiker, der die frühen Mönche nicht von ihrer religiösen Bedeutung, sondern von ihrer befremdend-faszinierenden Lebensweise her vor dem kulturgeschichtlichen Hintergrund zu verstehen sucht.

Merkt, Andreas (Hg.). *Das frühe christliche Mönchtum. Quellen und Dokumente von den Anfängen bis Benedikt.* Darmstadt: Wissenschaftliche Buchgesellschaft 2008. Dieses Lesebuch bietet gediegene Einführungen in die Texte und beleuchtet damit die verschiedenen Facetten des altkirchlichen Mönchtums.

Schulz, Günther und Ziemer, Jürgen. *Mit Wüstenvätern und Wüstenmüttern im Gespräch. Zugänge zur Welt des frühen Mönchtums in Ägypten.* Göttingen: Vandenhoeck & Ruprecht 2010. Eine umfassende Studie, verfasst von zwei evangelischen Theologen, die von ihren spirituellen Erkenntnissen ein beeindruckendes Zeugnis ablegen.

Williams, Rowan. *Silence and Honey Cakes. The Wisdom of the Desert.* Oxford: Medio Media 2003. Der frühere anglikanische Erzbischof von Canterbury nimmt eine spezifisch theologische Perspektive ein, die in der ausufernden Literatur über das Wüstenmönchtum oft fehlt.

Zander, Hans Conrad. *Als die Religion noch nicht langweilig war. Die Geschichte der Wüstenväter.* Gütersloh: Gütersloher 2011. Auf unterhaltsame Weise möchte der Autor die frühen Mönche gegenüber einer fortschrittsgläubigen Zeit und bürokratisierten Kirche zum Leuchten bringen.

Ziegler, Gabriele. *Die Wüstenmütter. Weise Frauen des frühen Christentums.* Stuttgart: Katholisches Bibelwerk ²2016. Ausgewählte Weisheiten der frühen Asketinnen für heute erschlossen.

## Der Autor

BERNHARD A. ECKERSTORFER, geb. 1971 in Linz, Dr. theol., Benediktiner im Stift Kremsmünster, Novizenmeister, in der Berufungspastoral und als Lehrer am Stiftsgymnasium tätig. In Vorträgen, Publikationen und universitären Lehraufträgen beschäftigt sich der Autor mit Kirche und Mönchtum in der heutigen Welt.